Wunderbare Wasserorte
im Chiemgau

CHRISTINE PAXMANN / KLAUS BOVERS

LIEBLINGSPLÄTZE
zum Entdecken

Wunderbare Wasserorte im Chiemgau

CHRISTINE PAXMANN / KLAUS BOVERS

Besuchen Sie uns im Internet:
www.gmeiner-verlag.de

© 2017 – Gmeiner-Verlag GmbH
Im Ehnried 5, 88605 Meßkirch
Telefon 07575/2095-0
info@gmeiner-verlag.de
Alle Rechte vorbehalten
1. Auflage 2017

Lektorat: Dominika Sobecki
Satz: Julia Franze
Bildbearbeitung/Umschlaggestaltung: Benjamin Arnold
unter Verwendung eines Fotos von: © Christine Paxmann
Alle Bilder im Inhalt stammen von Christine Paxmann und Klaus Bovers, ausgenommen: S.118 Chiemgau Thermen Bad Endorf, S. 186 Prijon GmbH Rosenheim
Zitat auf S. 75: Ruth Rehmann, Die Schwaigerin, © 1987 Carl Hanser Verlag München
Kartendesign: Mirjam Hecht, © The World of Maps (www.123vectormaps.com)
Druck: AZ Druck und Datentechnik GmbH, Kempten
Printed in Germany
ISBN 978-3-8392-2147-1

Karte 10
Vorwort 13

STILLE WASSER, GROSSE UND KLEINE SEEN

1 Skilanglauf wie in Norwegen ///
  Die Drei-Seen-Loipe bei Reit im Winkl 17
2 Forellenmusik ///
  Der Frillensee 19
3 Drei stille Seen zum Träumen ///
  Die Falkensteinrunde bei Inzell 23
4 Wo man heiratet und badet ///
  Höglwörth in Anger 25
5 Ein Schauspiel mit Bergen ///
  Der Königssee 27
6 Idyllenrunde für den Slowmove ///
  Das Kloster Seeon 29
7 Zwischen Brocken und Malerei ///
  Der Hintersee 31
8 Unspektakulär schön ///
  Der Weidsee 33
9 Ein Tümpel für Leisetreter ///
  Die Froschsee-Loipe in Inzell 35
10 Ein Wasser-Labyrinth im Zauberwald ///
  Die Eggstätt-Hemhofer Seenplatte 37
11 Ein Paradies für Stille-Sucher ///
  Der Waginger See 41
12 Jetzt wär doch mal ein Weiher schön! ///
  Der Pruttinger Dorfweiher 43
13 Im Schatten unter alten Bäumen ///
  Hofstätter und Rinssee 45
14 Baden mit den Steinkrebsen ///
  Der Taubensee 47

15	Großzügig und weltoffen ///	
	Der Chiemsee	49
16	Baden im unsichtbaren See ///	
	Der Bärnsee bei Aschau	53
17	Die Rosenheimer Badewanne ///	
	Der Simssee	55

FLÜSSE, FÄLLE, KLAMMEN, GUMPEN, FILZEN

18	Glitschig bis schäumend ///	
	Die Weißbachschlucht	59
19	Spaziergang in die Eiszeit ///	
	Die Inzeller Filzen	63
20	Von Fischen, (Ein-)Flüssen und Folianten ///	
	Das Kloster Raitenhaslach	65
21	Dunkle Löcher und Birkenalleen ///	
	Der Moorerlebnispfad im Schönramer Filz	69
22	Die Salzachau und ihre Bewohner ///	
	Der Auenlehrpfad in Tittmoning	71
23	Wer rüberwill, zieht die Glocke ///	
	Die Alzfähre beim Roiter in Altenmarkt	73
24	Ein Fluss-System wie aus dem Bilderbuch ///	
	Die Traun	77
25	Von Kehrwässern und Prallwänden ///	
	Die Entenlochklamm der Tiroler Ache	81
26	Entspannung über den Tag hinaus ///	
	Die Schoßrinn im Priental	83
27	Das Bayerische Meer verschwindet ///	
	Das Achendelta	85
28	Wasserspeicher und Grüne Hölle ///	
	Die Kendlmühlfilzen in Grassau	89
29	Ein Badeplatz der Wittelsbacher? ///	
	Die Prien-Gumpen am Herzogsweg	91

30 Grün und kalt und voller Kraft ///
Flussfahrt auf dem Wasserburger Inn 93

MÜHLEN, QUELLEN, BRUNNEN, THERMEN

31 Nachhaltigkeit in Flaschen ///
Die Adelholzener Wasserwelt in Siegsdorf 99
32 Wasserkraft als Lebensader ///
Der Nußdorfer Mühlbach 103
33 Kathedrale für den weißen Schatz ///
Die Alte Saline in Bad Reichenhall 105
34 Eispickel für den Himalaja ///
Die Glockenschmiede in Ruhpolding 109
35 Jahrzehnte nur von Wasser gelebt? ///
Das Frasdorfer Wasser 111
36 Götter, Nymphen und Tritonen ///
Die Wasserspiele auf Herrenchiemsee 113
37 Über 320 Stufen durch die Unterwelt ///
Almbachklamm und Kugelmühle 115
38 Statt Erdöl kam kochendes Wasser ///
Die Chiemgau Thermen Bad Endorf 119

MENSCHEN, SCHIFFE, WEHRE, BRÜCKEN

39 Wo das Salz um die Ecke fuhr ///
Die Salzachbrücke in Laufen 123
40 Weltläufiges Festival nah am Wasser ///
Der Chiemsee Summer in Übersee 127
41 Der Seelen-See ///
Der Thumsee 129
42 Wasser und Handwerk ///
Der Salinenrundweg von Siegsdorf nach Hammer 133

43 Die eiserne Grenze zu Österreich ///
Das Bergbaumuseum Achthal in Teisendorf 137
44 Entweder viel Wasser oder nix! ///
Die Wagenstaller Naturkostmühle 139
45 Hier rauschte es schon immer ///
Das Sims-Wehr der Krottenhausmühle bei Riedering 141
46 Früher ging's bei Nebel nur mit Kompass ///
Die lange Tradition der Chiemsee-Schifffahrt 143
47 Manchmal einfach nur schauen ///
Beim Pollfischer auf der Fraueninsel 147

BADEN, SPORTELN, RELAXEN

48 Biotop im Schatten der Burg ///
Der Wöhrsee 151
49 Kleine Fluchten zwischen 1.000 Buchten ///
Der Leitgeringer See 155
50 Ein Paradies für seltene Brummer ///
Der Abtsdorfer See 157
51 Reservoir für seltene Libellen ///
Der Griessee 159
52 Sommerfrische fast wie am See ///
Der Badepark Inzell 161
53 Malerische Reste der Eiszeit ///
Der Weitsee 163
54 Ein blaues Juwel in grünem Bergkranz ///
Das Freibad Marzoll bei Bad Reichenhall 165
55 Tauchen zwischen Seerosen ///
Das Naturbad Aschauerweiher in Bischofswiesen 167
56 Zweiklassengesellschaft beim Baden ///
Der Tachinger See 169
57 Mittendrin ein Bad für alle ///
Der Reifinger See 171

58 Arbeits- und Badesee ///
   Der Fridolfinger See 173
59 Brückensprung und Paddelspaß ///
   Das Alzbad in Truchtlaching 175
60 Der nicht ganz klassische Dorfweiher ///
   Der Obinger See 177
61 Wo Meer und Berg zusammen sind ///
   Der Chiemseestrand bei Übersee 179
62 Grüne Einladung zum Meditieren ///
   Der Tinninger See bei Riedering 181
63 Gletscher oder Meteor? ///
   Der Tüttensee 183
64 Segeln, Surfen, Paddeln, Kiten ///
   Wassersport im Chiemgau 185
65 Ökologisch schwimmen am Samerberg ///
   Das Naturbad Samerberger Filze 189

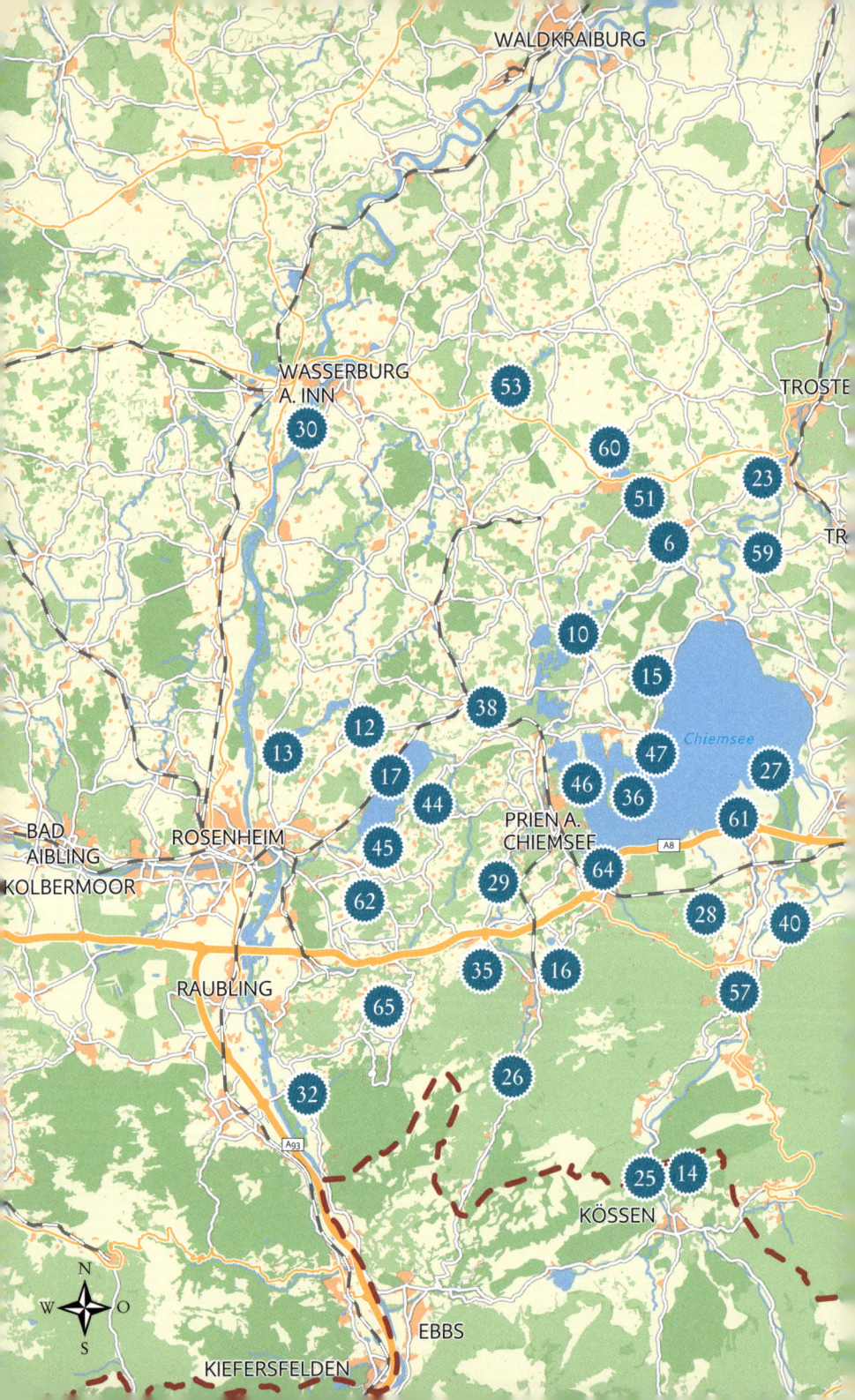

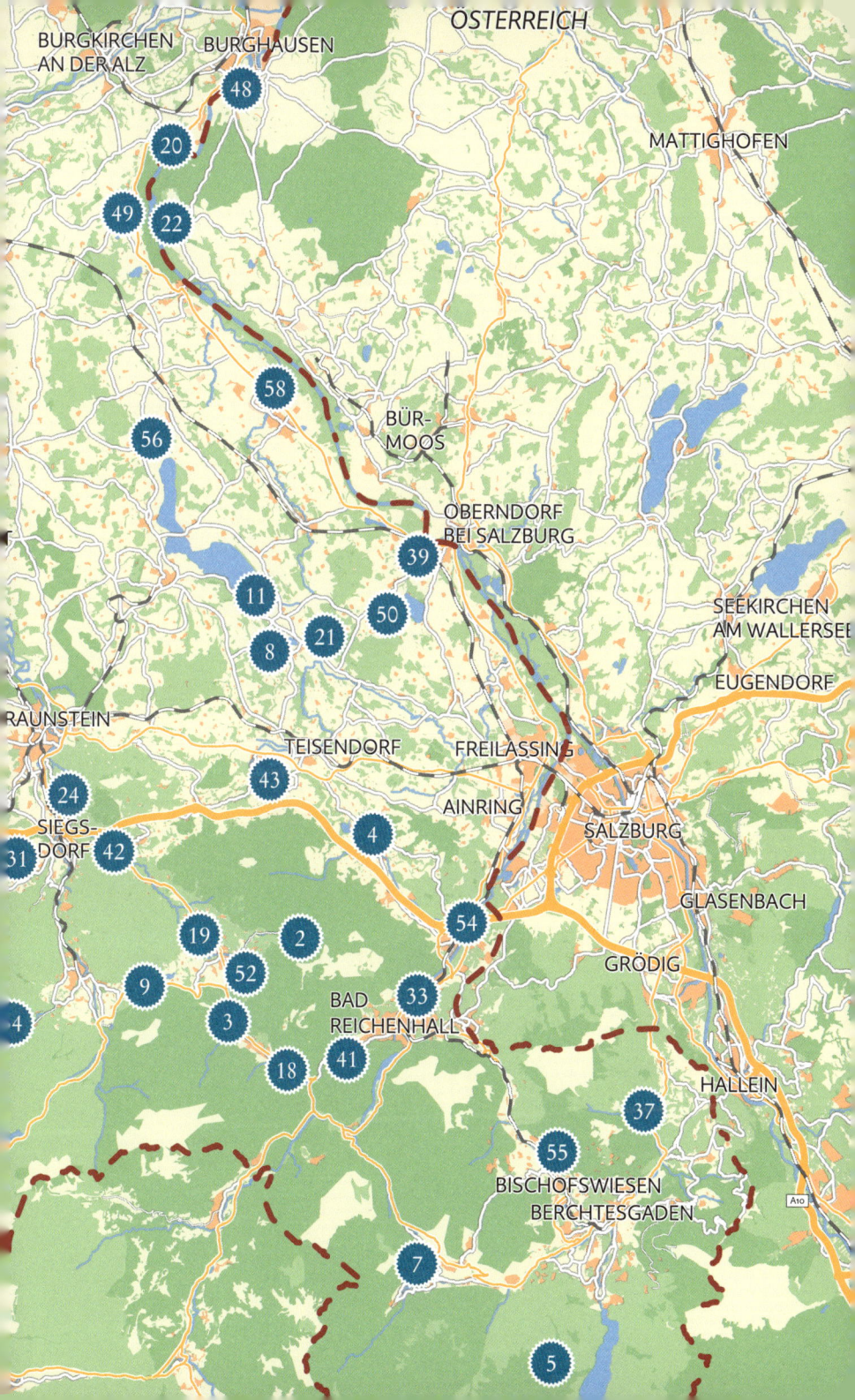

VORWORT

Wasser formt, sprengt und gestaltet, es heilt und spendet Leben, trägt, erfrischt und gibt Kraft. Wasser war schon immer da und fließt fast überall. Ein Ergebnis seiner formenden Wirkung sind die vielen besonderen Landschaften dieser Erde, zu denen eindeutig auch der Chiemgau gehört. Diese heimelig unpolitische Region haben wir bewusst etwas weiter definiert als üblich: als das Dreieck zwischen den Flüssen Inn und Salzach und den Bergen im Süden. Die Berchtesgadener und Rupertiwinkler mögen uns das nachsehen, aber bei unserem Thema sind Grenzen ja ohnehin fließend.

Es war die letzte Eiszeit, die den Chiemgau geformt hat. Die Spuren ihrer Gletscher sind quasi noch frisch, gerade einmal 10.000 Jahre alt, sie hinterließen eine Landschaft, die das Wasser geprägt hat und bis heute stetig verändert. Ihr Zentrum ist der Chiemsee, das »Bayerische Meer«, umgeben von zahllosen kleineren Seen, Weihern und Teichen, mal braun und warm, mal kristallklar und eiskalt. An den Hängen der Berge sprudeln Hunderte von Quellen, dort beginnt das Reich der Wasserfälle und Bäche, die unterwegs sind zu den Seen und Mooren. Das alles wird geteilt in Ost und West vom Wildwasser der Tiroler Ache, eingerahmt von Inn und Salzach und durchflossen von Traun und Prien, während sich das grüne Chiemseewasser durch das stille Tal der Alz auf den Weg zur Donau macht.

Dieses Wasser-Paradies wurde schon früh entdeckt, Kelten, Römer und Germanen haben es gerne besiedelt. Christliche Inselklöster, Heilquellen als Wallfahrtsorte, frühe Fluss-Schifffahrt, uralte Mühlen und Hammerschmieden sowie das erste Dampfschiff auf bayerischen Seen sind Zeugen einer vom Wasser geprägten Geschichte. Ohne Wasser ist der Chiemgau nicht denkbar, und es scheint die Quelle einer speziellen Chiemgau-Magie zu sein, die Menschen von überall her in ihren Bann zieht. Zu einigen ausgewählten Wasserorten möchten wir Sie hinführen und wünschen Ihnen dabei viel Vergnügen!

Christine Paxmann, Klaus Bovers

STILLE WASSER, GROSSE UND KLEINE SEEN

SKILANGLAUF WIE IN NORWEGEN
Die Drei-Seen-Loipe bei Reit im Winkl

1

Nirgendwo mehr Schnee, keine Möglichkeit langzulaufen? Nicht ganz. Im äußersten Winkel der Republik, hinter Ruhpolding, befinden sich drei Seen, schmal und ineinanderfließend, die jedem Klimawandel trotzen. Lödensee, Weitsee, Mittersee heißen die im Sommer grasgrün schillernden, fischreichen Gewässer auf dem Hochplateau, bevor das Tal nach Reit im Winkl abfällt. Im Sommer kann man dort baden oder wandern. Zwischen den Seen erstreckt sich ein ausgedehntes Naturschutzgebiet, das mit verschilften Ufergürteln Heimat alpiner Insekten und Vögel ist. Ganz anders im Winter, wenn eine geschlossene Schneedecke das Drei-Seen-Tal in ein weißes Eldorado verwandelt, in dem man nach Gusto sehr lang langlaufen kann oder kürzer. Ausgangspunkt könnte das Leistungszentrum Ruhpolding sein, wo man bei Bedarf auch die Ausrüstung leiht. Dann kann es losgehen, doch führt das erste Stück der Loipe an der Straße entlang. Wir parken etwas weiter beim Gasthof Seehaus. Nach einem kurzen Weg entlang des Förchensees geht's malerisch zwischen moosbewachsenen Bäumen rauf und runter, auch für Skater. Die Landschaft ist viel zu schade, um sie sprintend zu durcheilen. Denn ab dem Mittersee weitet sich das Tal und mit ihm der Ausblick. Steht die Sonne drüber, ist man geblendet und denkt an Norwegen oder Kanada. Die recht einfache Loipe taugt Anfängern und Könnern. Und was das Herrlichste ist: Am Ende des Mittersees zweigen die Sportlichen zur Weitseeloipe ab. Die Genießer aber machen einen Schlenker zur Hütte am Mittersee, die mit Sonnenveranda, Plumpsklo und regionaler Verköstigung Hüttenzauber wie auf 2.000 Metern Höhe bietet. Der Wirt grüßt ortstypisch jeden mit Du und verzieht das Gesicht, wenn man eine dünne Scheibe Leberkäs bestellt. Auch beim selbst gebackenen Kuchen geizt er nicht. Und wer erst einmal abgeschnallt und sich auf der Terrasse niedergelassen hat, kann den sportlichen Ehrgeiz als verloren ansehen. Das Erwachen kommt spätestens, wenn sich die Sonne senkt. Dann pfeift der Wind über die Seenplatte und uns zurück zum Ausgangspunkt.

FORELLENMUSIK
Der Frillensee

2

Ausgangspunkt zu einer Wanderung rund um den Frillensee ist immer das Forsthaus Adlgaß. Unterhalb der Gaststätte und auch nah am Haus stehen genügend Parkplätze bereit, selbst bei allerbestem Wetter und größtem Zulauf. Von Adlgaß aus starten auch die Mountainbiker zur Stoißer Alm, die Gipfelstürmer zum Zwiesel und sogar die Zweitageswanderer, die bis ins Österreichische wollen. Wir gehen es aber gemütlicher, wenngleich nicht unsportlich an. Zu erreichen ist der auch kulinarisch weit über die Landesgrenzen bekannte Ort Adlgaß mit dem Auto über die gut ausgeschilderte Straße, die von Inzell aus kurvig hinaufführt zum Forsthaus Adlgaß.

Von dort aus muss man ihn sich allerdings ein wenig erarbeiten, den Frillensee. Fünf Monate im Jahr bedeckt ihn eine Eisschicht, wobei der maximal 7,5 Meter tiefe See ungewöhnlicherweise von der Mitte her zufriert. Tief hängen dann die Wolken in den ihn umschließenden Höhenzügen, Teisenberg, Kienbergl, Staufen, und verschmelzen mit der eisigen Oberfläche zu einer grauen Melange. Da kann er schon ein wenig unheimlich wirken und umso magischer, wenn sich binnen fünf Minuten der Nebel lichtet und der See wie ein Smaragd in einem Tannenbett leuchtet.

Der Frillensee ist ein leicht zu erreichendes Paradies, ob bei Schnee mit dem Rodelschlitten oder mit Langlaufskiern oder sommers auf berggängigen Fahrrädern, besser und genüsslicher aber zu Fuß über einen Naturerlebnispfad. Der macht vor allem Kindern eine Wanderung von circa zwei Stunden schmackhaft. Denn Baumtelefone, Bestimmungsspiele, Erdschichten, hinter Türen verborgen, und ein Holzorchester machen den Weg zu einer unterhaltsamen und dabei unauffällig lehrreichen Veranstaltung von April bis Oktober. Die Puristen steigen in den sehr schneereichen Wintermonaten den Trampelpfad im oft knietiefen Schnee hinauf zu dem flachen Erbe eines Gletschers, dessen Name »Frillensee« sich etymologisch von »Forellensee« ableitet.

Als das Eisschnelllaufen Anfang des 20. Jahrhunderts immer mehr Anhänger fand, war der Frillensee der »place to be«. Bis An-

Das Forsthaus Adlgaß liegt nicht nur malerisch, sondern bietet auch regionale Köstlichkeiten.

fang der 1960er-Jahre genügte die Natureisbahn den Ansprüchen der Einheimischen, dann bauten die Inzeller ein Stadion und später, im 21. Jahrhundert, noch eins, wo heute die Weltelite trainiert. Der Frillensee durfte wieder »nur« er selbst sein, Paradies zu allen Jahreszeiten. Dass er früher einmal 800 Meter lang war, sieht man dem Hochmoor an, in das der See westwärts mit zahlreichen Wasserärmchen ausufert. Dort sampeln zarte Birken, Wollgräser, Binsen und Heiden einen Pflanzenchor, der als Meditation für die Augen die Heilkraft der Höhenluft ergänzt. Überquert man schließlich den hölzernen Steg, der an einer Seite vom Moos und an der anderen vom fischreichen Wasser des Sees begrenzt wird, kann es passieren, dass man länger als gedacht verweilt. Einfach weil der Frillensee ein Vademekum für alle Sinne ist, ein stiller, in sich ruhender grüner Flecken, der selbst den sachlichsten Betrachter zu einem nachdenklichen Menschen macht. Dass es nicht zu esoterisch wird, dafür sorgen die, die das Echo suchen, das beim Abstieg an ganz bestimmten Stellen recht gut funktioniert. Wo, wird nicht verraten, schließlich ist das ein Naturerlebnispfad, bei dem man schon selbst auch etwas tun muss und an dessen Ende wieder das Forsthaus Adlgaß wartet. Oder eben am Anfang, weil das Ganze ein Rundweg ist, der auch noch eine Naturrodelbahn birgt, die es in sich hat. Die Schlitten kann man übrigens im Forsthaus Adlgaß mieten. Und anschließend kehrt man dort ein, nass geschwitzt von den vielen Aufstiegen zum Rodlstart und kalt gefroren von den zahlreichen Hinfallern in der stark abschüssigen und manchmal recht eisigen Röhre. Oder eben ergriffen von der Seelenruhe am sommerlichen See, mit seiner vorbildlichen Hochmoorflora und -fauna, die manchmal direkt urzeitlich anmuten und einen demütig werden lassen, gegenüber der erdgeschichtlichen Entwicklung, die vor einem ausgebreitet liegt.

Umso irdischer geht's dann am Ausgangs- und Endpunkt zu. Die feschen Adlgaß-Schwestern, die den Gasthof führen, haben früh erkannt, dass regionale Rezepte auch regionale Produkte brauchen. Und servieren deshalb alle Speisen heimisch-nachhaltig, mit Kräutern aus dem eigenen Garten sowie Dinkelmehl, und derart köstlich, dass man, ähnlich wie oben am Frillensee, die Zeit vergisst. Im Sommer sitzt man vor der Tür des Gasthofs aus dem 17. Jahrhundert auf der Wiese, an rot karierten Tischen und schaut dem Wolkenspiel am Gipfel des Zwiesels zu, während ein selbst gebrautes Limo runterläuft wie nichts. Dass aus so einem inspirierenden Flecken Erde der Salzburger Hoforganist Anton Cajetan Adlgasser (1729–1777) stammte, glaubt man sofort. Sein Nachfolger an der Salzburger Domorgel war übrigens kein Geringerer als Wolfgang Amadeus Mozart. Musikalisch reizvoll bleibt es in diesem Sacktal östlich von Inzell bis heute, nicht nur weil dort regelmäßig volksmusikalisch aufgespielt wird. Nein, wenn hier, Backe an Backe mit Österreich, die nationalen Grenzen verschmelzen, dann zeigt das Radiodisplay im Auto das Mischwort »Salzenne« an, ein Mix aus *Radio Salzburg* und *Antenne Bayern*. Ganz analog spielen mehrmals im Jahr die Inzeller Musi oder Jagdhornbläser in Adlgaß auf, während im nahen urigen Schießstand die Gebirgsschützen und Vereinsschützen üben. Das hört man bei gutem Wind bis zum stillen Frillensee hinauf.

DREI STILLE SEEN ZUM TRÄUMEN
Die Falkensteinrunde bei Inzell

Der Reiz dieser Wanderung liegt in den drei sehr unterschiedlichen Seen, die sich rund um den Falkenstein bei Inzell verteilen. Auch wenn der Ausgangspunkt wenig malerisch ist ... alles, was folgt, entschädigt für jeden Architekturstörer. Wir lassen das Auto am Parkplatz der Max-Aicher-Eisarena in Inzell stehen und folgen der Kiesstraße Richtung Zwing, vorbei am Zwingsee, dessen bergzugewandte Seite lauschig ist. Eine schmale Liegewiese mit Bootsverleih. Tapfere gehen im kalten See schwimmen. Noch bleibt die Straße sichtbar, aber das Schönste heben wir uns eben bis zum Schluss auf. Im Gasthof Zwing könnte man einen Kuchen essen, aber wir sind erst 20 Minuten unterwegs und folgen der Täfelung Falkensee weiter. Der Falkenbach ist nun rechter Hand unser ständiger Begleiter. Kaum aus dem Mischwald raus, warten Kuhweiden, und wer den Ausflug im Frühjahr macht, wird mit Orchideenarten belohnt. Im sehr flachen Bach kneippt sich's auf natürlichste Art. Links ragt der Falkenstein hoch, von dem Marterl künden, dass er einen auch abstürzen lässt. Rechts erhebt sich steil die Rotwand. In dieser Talsituation breitet sich ganz plötzlich der Falkensee wie ein Juwel vor uns aus. Türkis, Reseda- und Jadegrün, ein Farbenspiel, das süchtig macht. Die Stege sind zwar nicht reine Natur, verhindern aber, dass die faszinierten Besucher ins empfindliche Moor mit seinen Bewohnern trampeln. Besser, man sieht sich an der Stille satt. Weggehen fällt schwer. Auch wenn ein Highlight noch wartet: Nach der Brücke mit dem Kneippsteg zielt ein Hinweis zum Krottensee. Den Schlenker von zehn Minuten sollte man machen. Der pH-neutrale See speist sich unterirdisch. Die Umgebung ist Schwingmoor und Heimat von Kreuzottern, Kröten und Insekten. Die Einsamkeit und die Kulisse sind grandios und reine Meditation. Auch wenn der Restweg von 25 Minuten an Häusern vorbeiführt, kehrt man vom Falkenseerundweg nicht als der wieder, als der man ihn an der Max-Aicher-Arena begonnen hat.

WO MAN HEIRATET UND BADET
Höglwörth in Anger

Auf dem Weg von Teisendorf Richtung Bad Reichenhall sollte man Höglwörth, einem Ortsteil von Anger, unbedingt einen Besuch abstatten. Der Parkplatz liegt direkt beim Klosterwirt. Den köstlichen Kuchen in diesem Wirtshaus mit seinem Garten und den Sälen für Feierlichkeiten muss man sich erarbeiten, aber nicht schlimm. 35 Minuten gemächliches Uferwegschlendern reichen völlig aus, um den typischen Endmoränensee zu umrunden und dann erschöpft, allein von der Bilderbuchschönheit des Sees, auf eine der Bänke im Biergarten oder in der Wirtsstube zu fallen. Noch bis 1962 wurde der Strom für den kleinen Weiler in einem Mini-Kraftwerk gewonnen, das oberhalb des Sees vom Schornbach und von Stauweihern gespeist wurde. Heute geht es natürlich modern zu, schließlich ist Heiraten in der Kirche von Kloster Höglwörth eine angesagte Sache, zu der man ein paar Watt mehr braucht als vor 100 Jahren. Das 1125 gegründete Augustiner-Stift thront farbenprächtig an der Ostseite und gehört heute der Teisendorfer Brauerei *Wieninger*. Das kirchliche Anwesen gibt eine ordentliche Kulisse für Hochzeitsgesellschaften.

Wer es nicht gleich so feierlich angehen möchte, packt im Sommer die Badehose ein und flätz sich in das unaufdringlich renovierte Högelwörther Seebad mit schicken Liegestegen, Nichtschwimmerufer und einem Bootsverleih. Ein Kiosk hilft bei Versorgungsnot, und das ist gut so, denn der übersichtliche See, das kuschlige Strandbad an seinen schilfbestandenen Ufern, der Anblick des Klosters sind ein Gesamtkunstwerk für gestresste Städterseelen. Wer ganz still am Ufer sitzt, kann dann auch die zahlreichen Tierarten beobachten: Zander, Hecht, Aal, Karpfen, Höckerschwan und Blässhuhn. Die ursprünglich hier lebenden Krebse sind leider ausgestorben. Für Geowissenschaftler stellt der Höglwörther See ein Fenster in die Eiszeit dar. Ständige Verlandung macht die Forschung zu einem Wettlauf mit der Zeit. Also behutsam genießen, solange es noch geht.

EIN SCHAUSPIEL MIT BERGEN
Der Königssee

Spätestens wenn der Kapitän das Steuerrad loslässt und das Mundstück seiner Trompete warmbläst, erkennt man, dass man es nicht mit einer gewöhnlichen Bootsfahrt zu tun hat. Schon gar nicht im Winter, wenn kleine Eisschollen an den Bootsrumpf klopfen, während der Kapitän eine Melodie gegen die Echowand schmettert, dass es einem die Haare vor Rührung aufstellt.

Die Echowand, der sonnengeflutete Wasserspiegel, die Berchtesgadener Berge, besonders die Watzfrau, deren Kinder und der hinter allen aufragende Watzmann sind Bestandteil des großen bayerischen Naturschauspiels Königssee. Zahllose Touristen besuchen es von Sommer bis Herbst, aber einen ganz besonderen Thrill entwickelt der See im Winterkleid. Zwar friert er nur alle zehn Jahre zu, das letzte Mal 2006, doch dann lockt er Hunderttausende Besucher aufs Eis. Aber auch ohne Eis verströmt der See, der nur per Schiff zu überwinden ist, im schneebezuckerten Nationalpark Berchtesgadener Alpen eine geheimnisvolle Aura. Die wird durch den zweiten Bootsführer auf einem der 18 Elektrofährschiffe noch unterstützt, wenn er mit Grabesstimme, in starkem Bayerischzeller Idiom von den unglücklichen Pilgern vor 300 Jahren berichtet, die im 200 Meter tiefen See untergegangen sind. Die Trauer wird aber gleich wieder aufgelöst, denn im Winter, besonders bei den spätnachmittäglichen Überfahrten, macht das Schiff noch einen Abstecher auf die gegenüberliegende Seite der Halbinsel Hirschau mit der Wallfahrtskirche St. Bartholomä. Dann kann man den Hirschen zusehen, wie sie zu den Futterkrippen die steilen Uferwände herunterkommen. Mit einer eleganten Kurve dreht der Kapitän dann das Schiff ans Ufer von St. Bartholomä. Wer dort aussteigt, kann die Wallfahrtskirche besuchen, gemütlich essen oder Touren machen, zum Beispiel zur Eiskapelle unterhalb der Watzmannostwand, oder in der Fischerei vom Königssee ein paar »Schwarzreiter«, geräucherte Minisaiblinge, kaufen. Gut einpacken sollte man sich in jedem Fall, das Warten auf die Fähre kann eine zugige Angelegenheit sein.

VOM KLOSTER AUS HAT MAN EINEN TRAUMBLICK AUF DIE PRÄCHTIGEN BAUERNHÄUSER AM NÖRDLICHEN TEIL DES SEEONER SEES, AN DEM SICH GERNE KÜNSTLER NIEDERGELASSEN HABEN.

KLOSTER SEEON /// KLOSTERWEG 1 /// 83370 SEEON-SEEBRUCK /// 0 86 24 / 89 70 /// WWW.KLOSTER-SEEON.DE ///

IDYLLENRUNDE FÜR DEN SLOWMOVE
Das Kloster Seeon

6

Der Parkplatz am Kloster Seeon ist gut vorbereitet auf viele Besucher. Allerdings stellt sich das besondere Feeling tatsächlich erst so richtig ein, wenn der Seeoner See samt seinem wuchtigen Klosterbau mit angrenzendem Wohn- und Kulturzentrum menschenleer ist. Dann schlendert man an sorgsam angelegten klösterlichen Kräuterbeeten, der Seewirtschaft mit den köstlichen Marillenknödeln und der Klosterkirche St. Walburgis vorbei, lässt den Klosterkeller rechts liegen und umrundet den Klosterbau in Richtung Brücke, die den verschilften See zweiteilt. Der Blick auf das westliche Ufer spiegelt Sommerfrische pur. Am östlichen Seeteil liegt völlig unaufgeregt das Badeufer hinter Rohrkolben und Schilfgürteln. Mitten auf der Brücke ist man geborgen in völliger Ruhe, die sich auch spirituell in der kleinen Wallfahrtskirche Bräuhausen am Ende des hölzernen Stegs widerspiegelt. Sie ist das, was man ein Hochzeitskircherl wie aus dem Bilderbuch nennt. Wer nun nicht den Weg links herum um den kleineren Seeteil einschlagen will, wo man an Bauernhäusern und drall bepflanzten Bauerngärten vorbei- und mit einer Rundschleife wieder am Parkplatz ankommt, der geht in Richtung Seeon-Dorf, vorbei an kleinen, etwas altmodischen Pensionen und Spalierobstwänden. Man hat dabei einen permanenten Ausblick über den See. Im Sommer kann dieser Weg recht heiß werden, da hilft ein Bad. Im Ort Seeon kann man im *Zum Alten Wirt*, einem Renaissancebau, oder im dazugehörigen Biergarten den Durst mit regionalem Baumburger Bier stillen. Beim fortgesetzten Spaziergang rund um den See muss man leider am südlichen Ufer die Nähe der Straße zwischen Obing und Seebruck erdulden. Dafür entschädigen allerdings die Pferdekoppeln und eine herrliche Allee aus alten Kastanien. Zurück am Parkplatz sollte man einen Augenblick länger den Blick auf dem Kloster im Abendlicht ruhen lassen. Nicht umsonst wurden Klöster auf magischen Flecken errichtet.

STARTPUNKT DER WANDERUNG ZUM HINTERSEE IST DER PARKPLATZ NÄHE TOURIST-INFORMATION RAMSAU /// IM TAL 2 /// 83486 RAMSAU ///

EINKEHREN KANN MAN IM BERGSTEIGERCAFE /// IM TAL 85 /// 83486 RAMSAU /// 0 86 57 / 2 98 ///

ZWISCHEN BROCKEN UND MALEREI
Der Hintersee

Wenn Wetter und Vegetation passen, dann ist eine Wanderung von Ramsau zum Hintersee fast eine Drehung zu viel für die Sinne. Kaum hat man das Auto am großen Parkplatz in Ramsau-Ortsmitte abgestellt und ein Parkbickerl gelöst ... ja, nehmen Sie ruhig eins für viele Stunden ..., geht es schon los mit den Postkartenmotiven. An der Ramsauer Ache entlang, gut ausgeschildert, verläuft der Wanderweg durch die Gärten der Bauernhäuser zum ersten Hauptmotiv. Was heute die Fotografen sind, waren im 19. Jahrhundert die Genremaler, die Brauchtum und alpine Kulissen entdeckten. Diesem Hype verdanken viele Bergdörfer ihren frühen Ruhm, Ramsau nimmt aber sicher einen Spitzenplatz als dörfliches Starmodel ein. Brücke, Kircherl, Frühlingsblumen, dahinter als Kulisse der Hochkalter, über den ein kobaltblauer Himmel mit sanften weißen Wölkchen guckt.

Weiter geht's bergauf bis zum Anfang des *Zauberwalds*. Als vor 3.500 Jahren ein Bergsturz Felsbrocken aus dem Hochkalter zu Tal schleuderte, wurde der Hintersee gestaut und der *Zauberwald* entstand. Tatsächlich scheinen hier Riesen mit Steinen gespielt zu haben. Wild hängen Äste mit Flechten umwuchert zwischen haushohem Geröll. Den Kopf muss man an manchen Stellen einziehen, weil eine Steinnase herausragt, während unter einem die Ramsauer Ache mit türkisfarbener Gischt herumsprudelt und das kalkige Ufergestein aushöhlt.

Nach gut einer Stunde ist man oben am See, rechts herum über den *Malerwinkel* umrunden wir ihn, so wie es die Maler auch gemacht haben. Das smaragdgrüne Wasser geht übergangslos in die grünen Bergmatten über. Da und dort spitzt ein Bauernhaus hervor, das 200 Jahre und mehr auf dem buckligen Dach hat. Schade nur, dass man beim Bau der seenahen Gastronomie nicht auf Ensembleschutz gepocht hat. Jetzt steht da Wildwuchs der 1950er-Jahre an einem der schönsten Flecken der Erde. Doch seien wir milde. Wenn man besoffen vor Glück in Ramsau zum Beispiel im *Bergsteigercafe* noch einmal das Panorama aufsaugt, dann ist eins gewiss: Der Hintersee sollte eigentlich »Zaubersee« heißen.

UNSPEKTAKULÄR SCHÖN
Der Weidsee

Auch wenn man das Schloss Seehaus nicht besichtigen darf, ist ein Abstecher zum dazugehörigen Weidsee bei Petting ein Erlebnis. Inmitten eines Schilfgürtels gelegen, erhebt sich das Schloss über den kleinen Weiher, trutzig und wahrlich aus einer anderen Zeit. Urkundlich erwähnt ist das Gebäude bereits im 14. Jahrhundert, bei Restaurierungsarbeiten fand man Wandgemälde aus der Gotik. Damals diente der Herrschaftssitz dem Schutz des Salzhandels, der auf der daran vorbeiführenden Straße getätigt wurde. Heute kann man mit dem Auto, auf dem Weg zum großen Waginger See oder in die andere Richtung nach Freilassing, leicht daran vorbeibrausen. Tatsächlich bietet auch kein zugehöriger Parkplatz eine Haltemöglichkeit in diesem Landschaftsschutzgebiet, nein, Parken ist ausdrücklich untersagt. Da empfiehlt sich ein Spaziergang vom nahe gelegenen Weiler Ringham. Oder gar eine Radtour aus Petting oder Oberteisendorf kommend. Am See selbst kündet eine Tafel von den Besitzverhältnissen, davon, dass er einer der saubersten in ganz Bayern ist und sich ausschließlich über Grundwasser reguliert. Das erfordert auch besondere Baderegeln. Nicht campieren, nicht eincremen vor dem Baden und möglichst schnell weiterziehen, denn Toiletten gibt's auch keine. Dafür wird jeder Schwimmer mit der einmaligen Kulisse belohnt: Schlösschen im »shabby chic« plus Bootshaus und reichlich Wassergetier. Wer sich den Weidsee als meditatives Ziel setzt, wird als anderer Mensch zurückkehren. Es ist schon so: Wo historisch viel los war, weht ein besonderer Geist, der uns auch heute nicht kaltlässt. Ein kleiner Blick in die Schicksale der Verwalter von Schloss Seehaus bestätigt, dass hier lange politisch groß aufgespielt wurde. Mit Hauskapelle und Sakristei hat das dem Heiligen Rupertus gewidmete Schlösschen mystischen Flair. Beim Blick in den Schlossgarten sieht man dann, dass dort von den heutigen Besitzerinnen ganz irdisch gegärtnert wird. Schön anzusehen, wenn Heute und Gestern zusammenkommen.

START-VORSCHLAG FÜR EINEN AUSFLUG ZUR FROSCHSEE-LOIPE:
PARKPLATZ KESSELLIFTE /// FROSCHSEER STRASSE 37 /// 83334 INZELL ///

EIN TÜMPEL FÜR LEISETRETER
Die Froschsee-Loipe in Inzell

Natürlich ist es nicht das Hochengading mit dem Silsersee. Aber ein bisschen was hat die Langlaufloipe am Froschsee von der hochalpinen Paradeloipe der Schweiz. Das liegt vor allem daran, dass fast ganztägiges gleißendes Sonnenlicht diese Loipe zu einem echten Wintergeheimtipp macht. Unaufgeregt kann man hier auf einer prachtvoll gespurten Loipe samt Skatingautobahn die Runde um den See drehen. Der Blick wird von nichts abgelenkt als von einem mächtigen Haus im Salzburger Stil, das schon gute 500 Jahre auf dem Buckeldach hat. Natürlich kann der ehrgeizige Loipinist nach zwei Seiten über den Froschsee hinausschießen, im wahrsten Sinne des Wortes. Indem er dem Abzweiger nach Ruhpolding folgt, einer steil ins Ruhpoldinger Tal hinabstürzenden Loipe, die man auf dem Rückweg natürlich auch wieder hinaufmuss. Oder Richtung Inzell ins Loipengeflecht der Inzeller Filzen. Aber der Lichthungrige bleibt oben, dreht gemächlich Sonnenrunden, bis es ihm zu blöd wird. Dann kehrt er dem Seeplateau den Rücken und arbeitet sich kreativ durch Schleichpfade zum Kessellift vor, einem winzigen Buckel, der so tut, als wäre er die Kitzbüheler Streif, inklusive Hüttenzauber für Fußgänger, Schlittenfahrer, Fahranfänger und eben Langlaufmeditierer. Allerdings, größer könnte der Unterschied zwischen der kontemplativen Froschsee-Loipe und dem quirligen Kesselalmstüberl kaum sein.

Im Spätfrühling ist der Froschsee ein Biotop für Frösche und Kröten, daher der Name. Dann ist die daran vorbeiführende Verbindungsstraße von Inzell nach Ruhpolding tagelang gesperrt. Die Amphibien wissen schon, wo die schönsten Laichplätze sind. Der von Schilf umstandene Froschsee, in dem man im Sommer auch baden kann, gehört zu den unauffälligen Schönheiten, die erst im Winter so richtig ihren Auftritt haben: weiter Blick, gleißendes Licht und spektakuläre Bergkulisse. Und das alles ums Eck eines Mini-Skizirkus. Sympathische Hochstapelei da oben am Froschsee.

EIN WASSER-LABYRINTH IM ZAUBERWALD
Die Eggstätt-Hemhofer Seenplatte

10

Seenplatte ... ein Wort, das irgendwie flach daherkommt, eher an Mecklenburg-Vorpommern erinnert und nichts von dem enthält, was hier zwischen Hemhof und Eggstätt an Überraschungen geboten wird. Wer mit dem Auto zwischen Endorf und Seebruck oder Prien und Amerang unterwegs ist, sieht es manchmal links oder rechts zwischen den Bäumen glitzern, der Gedanke »Da muss ein See sein« ist aber meist in der Alltagseile schnell wieder vergessen. Wer sich dann doch einmal entschließt, der Sache auf den Grund zu gehen, der ist vom ersten Moment an verzaubert und vergisst sehr schnell den Alltag und sein Tempo.

Beim Erstbesuch steht am Anfang eine Überraschung: *Den* See gibt es nicht. Auch wenn rechts vom Weg schon bald Wasser zu sehen ist, glitzert es doch kurz darauf auch links, und dann kommt die Brücke über einen von Seerosen bewachsenen Bach, der beides zu verbinden scheint ... sehr verwirrend. Der Blick auf die Wanderkarte bestätigt die Vermutung: Zwischen Inseln, Buchten und Bächen verteilt sich ein Gewirr von wenigstens einem Dutzend Seen und Gewässern, kleine, ganz kleine, aber auch richtig ansehnliche Exemplare sind darunter, die sogar ausgewiesene Badestrände haben. Das Ganze ist ein Geschenk der letzten Eiszeit, so steht es auf den Infotafeln an den Eingängen dieser verzauberten Wald- und Wasserlandschaft, und man ist geneigt, dieser Eiszeit, die einem im Chiemgau dauernd über den Weg läuft, endlich mal »Danke!« zu sagen.

Beim ersten Besuch erfordern die vielen Kurven und Weggabelungen im dichten Wald noch einiges an verschüttetem Pfadfinderwissen, zum Beispiel über Himmelsrichtungen. Und immer wieder blitzt es blaugrün zwischen den Bäumen hervor, kleine Trampelpfade und Wildwechsel führen zu einsamen Seerosen-Ufern. Doch wenn die Verlockung noch so groß ist, das Baden kommt einem hier fast wie eine Entweihung vor. Wer sich aber still und vorsichtig niederlässt, den Libellen und den ziehenden Wolken und ihren Spiegelbildern nachschaut, vergisst schnell jeden Gedanken Richtung Umweltfrevel und wähnt sich stattdessen im Paradies.

Strandbad am Pelhamer See

Schon vor rund 100 Jahren hat der Maler Leo Putz dieses Elysium für sich entdeckt, viele Sommer verbrachte er hier malend mit seinen Künstlerfreunden. Auf der Landenge zwischen Schloss-See und Langbürgner See bezogen sie im Schloss Hartmannsberg Quartier, einfach … keine elektrische Beleuchtung, dafür jeden Tag das besondere Chiemgau-Licht. Der aus Südtirol kommende Putz war auch Grafiker, seine Jugendstilplakate machten ihn bekannt. Als Mitbegründer der Künstlergruppe *Scholle* hat er sich in seinen Chiemgaujahren mit Begeisterung auf die Plein-air-Malerei gestürzt, seine »Kahnbilder« und die vielen »Badenden«, Aktstudien badender junger Frauen, stammen aus dieser Zeit. Von morgens bis abends waren er und sein amerikanischer Malerfreund Edward Cucuel zu jeder Jahreszeit im Boot unterwegs, und als einmal der Herbst über Nacht einsetzte und ihm wegen plötzlich kahler Bäume eine Arbeit nicht fertig zu werden drohte, hat er … so geht eine Anekdote … abgefallene Blätter notdürftig wieder befestigt, um den Eindruck goldener Herbststimmung nicht zu verlieren.

Heute sind die Seen ein Eldorado für Naturfotografen. Ausgerechnet hier sollten 2012 Bohrungen auf der Suche nach Erdgas stattfinden. Aber E.ON und sein Partner aus Österreich kannten den Widerspruchsgeist der Chiemgauer nicht. Eine Bürgerinitiative stellte sich erfolgreich quer, und sie mussten ihre Geräte wieder einpacken. Nichts wurde es mit der modernen Schatzsuche.

Die wenigen Quadratkilometer dieses einmaligen Fleckens unverdorbener Natur haben nebenbei einen großen Vorteil: ihre Überschaubarkeit. Die Wege sind im Grunde kurz, und wer nicht an einem besonders schönen Platz für Stunden in Meditation versinkt, dem bleibt immer noch Zeit für einen passenden Tagesausklang. Meine Empfehlung: Wieder zurück in der Zivilisation fahren Sie auf der Ro 27 zwischen Hemhof und Höslwang zu einem der größeren Seen, dem nördlich gelegenen Pelhamer See. Beim Weiler Pelham gibt es ein kleines Strandbad mit Steg und Liegewiese, wie man es noch aus den 60ern kennt, dörflich, gemütlich, auch die Wasserwacht hat den Platz für sich entdeckt. Das leicht braune Wasser ist herrlich weich, und zu Seeterrasse und Biergarten von Hotel Seeblick braucht man nur mit ein paar Schritten die Straße zu überqueren. Apropos Biergarten: Wer sich zum Tag und seinem Naturerlebnis einen passenden Überblick verschaffen möchte, der fährt am besten von Pelham drei Kilometer weiter bis Höslwang und setzt sich dort auf die Terrasse des Gasthauses *Zur schönen Aussicht*. Gehobene Gourmetküche wird zwar nicht geboten, dafür aber ein einmaliger Ausblick nach Süden, mit einem Weitwinkel-Bergpanorama, das im Vergleich jede Weißbierwerbung banal erscheinen lässt! Im Wechsel von Feld und Wald, Hell- und Dunkelgrün, versteckten Seen, Wegen, Höfen und Zwiebeltürmen präsentiert sich altbayerisches Bauernland wie aus dem Bilderbuch, am Horizont eingerahmt von der Kulisse der Chiemgauer Berge.

EIN PARADIES FÜR STILLE-SUCHER
Der Waginger See

Dieser See ist im Grunde unspektakulär, landschaftlich ohne besondere Höhepunkte, genauso wie bei der sogenannten touristischen Erschließung. Sanft und grün sind die Hügel ringsum, kaum eine Ansiedlung liegt direkt am Ufer, etwas Unberührtes strahlt er aus. Vielleicht liegt aber gerade darin das Geheimnis seiner Beliebtheit, neben seinem weithin bekannten Ruf als wärmster See Oberbayerns. Wer hier badet und ein ruhiges Stündchen am Ufer verbringt, im privaten Klappstuhl oder auf der bewirteten Seeterrasse, findet das bestätigt. Doch die wahre Anziehung des Waginger Sees ist seine Stille, und die erlebt am intensivsten, wer auf ihn hinausfährt.

Bis auf einen Kilometer am Westufer halten alle Straßen Abstand, vom Verkehr ist nichts zu hören, Eisenbahntrasse und Einflugschneise Richtung Salzburg sind weit entfernt, fast wie in einer anderen Zeit. Auch Uferwege sind so gut wie unbekannt, selbst im Hauptort Waging heißt die kurze, weitab gelegene Promenade ganz bescheiden *Am See*. Wer den See und seine Ufer entdecken will, dem bleibt nur das Boot … das älteste Zweck- und Wellnessgerät aller Kulturen. Entlanggleiten an Wald- und Schilfufern, wenn sich im Wasser die Wolken spiegeln und im Süden die Berge stehen … was gibt es Schöneres? Die modernen Nomaden haben das schon vor vielen Jahren entdeckt, ihre Campingplätze liegen an den schönsten Stellen direkt am Wasser, oft mit Strandbad und Gasthaus nebenan. Wer kein eigenes Paddel oder Segel mit sich führt, für den gibt es etliche Bootsverleiher, die ihre Gäste freundlich einführen und sicher auch auf eine Besonderheit hinweisen:

Die Ufer des Waginger Sees sind Landschaftsschutzgebiet, an den unberührten Schilfgürteln und naturbelassenen Bachmündungen will die Natur nicht gestört werden. So wenig wie der Gast durch Motorboote, die sind zum Glück verboten.

JETZT WÄR DOCH MAL EIN WEIHER SCHÖN!
Der Pruttinger Dorfweiher

12

Wer den idyllischen Pruttinger Dorfweiher zum ersten Mal sieht, hat den Eindruck, dass hier seit Generationen Kinder am Ufer gespielt, Frauen am Steg gewaschen und Rossknechte ihre Pferde zur Tränke geführt haben. Doch seine Geschichte ist eine ganz andere, wie mir Bürgermeister Hans Loy erzählt. Damit löst sich auch das Rätsel der alten Landkarte, denn wo auf der Karte der Weiher sein müsste, steht nur das rätselhafte Wort »Mösl«, umgeben von den Zeichen für feuchte Wiesen.

Das Mösl war einmal eine Senke, in der zu trockenen Zeiten nur schilfartige Stall-Einstreu wuchs. Bei Unwettern und längerem Regen füllte sich das Mösl dagegen sehr schnell mit Wasser und die umliegenden Häuser wurden regelmäßig überschwemmt. Eine Lehmschicht in wenigen Metern Tiefe sei der Grund dafür, berichtet der Bürgermeister. Als dann in den 50er-Jahren die Flurbereinigung anstand, fasste die Gemeinde den Entschluss, hier einen Dorfweiher anzulegen. Große Teile des Grunds rund um das Mösl wurden aufgeschüttet, gleichzeitig wurde in der Mitte ausgebaggert, und die Straße zur Kirche führt seitdem als Brücke übers Wasser. Das stellte sich zuverlässig ein und blieb auch brav an seinem neuen Platz.

Die örtlichen Fischer bauten am Ufer ein Vereinsheim und installierten eine auffällige Fontäne mitten im Weiher. Was Fremden wie ein artesischer Brunnen erscheint, ist eine Pumpe, die für Durchlüftung und Sauerstoff im nur 2,5 Meter tiefen Weiher sorgt. Karpfen, Waller und Schleien gedeihen deshalb prächtig. Die Dorfjugend badet aber lieber im nahe gelegenen Hofstätter See. Der Weiher wird schließlich nur von Oberflächenwasser gespeist und die umliegenden Hangwiesen werden fleißig gedüngt. Für die neue Tradition des alljährlichen Fischerstechens ist die Wasserqualität aber optimal.

IM SCHATTEN UNTER ALTEN BÄUMEN
Hofstätter und Rinnsee

13

Wenn die Rosenheimer Lust auf Badetage an einem »richtigen« See haben, dann machen sie sich meistens auf zum Chiemsee. Vielleicht noch zum Simssee, doch in beiden Fällen verpassen sie ein viel näher liegendes und entspannteres Badeparadies. Nicht überlaufen, weiches, warmes Wasser, Bauernhöfe rundum und viel Natur, kurz, zwei Seen mit Charakter. Dafür muss man gerade mal den Inn überqueren, sogar mit dem Radl ist es kein großes Problem, ans Ziel zu kommen.

Der Hofstätter See und gleich daneben der Rinnsee sind zwar keine wirklichen Geheimtipps mehr, haben aber immer noch den entsprechenden Charme. Ihr Wasser ist bereits früh im Jahr recht warm, hat die Weichheit und Anmutung von Moorseen und bietet obendrein eine hohe, nach EU-Einstufung mit drei Sternen zertifizierte, Wasserqualität. So ist es glaubwürdig im Kiosk-Aushang zu lesen, wenn man den Rinnsee-Badeplatz über die Straße von Prutting nach Söchtenau ansteuert. Das ist einer jener Plätze, die schon beim Näherkommen eine Ruhe ausstrahlen, die Badetage so wertvoll machen kann. Bescheiden, sauber, naturbelassen, die Wiese mit Kiesstrand, Sonne und Schatten nach Wunsch ... und gleich gegenüber als Schwimmziel das Pendant, ohne Kiosk, dafür mit viel Platz unter alten Bäumen. Traumhaft!

Vom Rinnsee fahren wir mit dem Radl in 15 Minuten bis zum Hofstätter See, der um einiges größer und an den meisten Stellen von Wald umsäumt ist. Dort, hinter Bäumen verborgen, wissen die Kenner das verwunschene alte Strandhaus, wo der Pächter und Fischer am Samstag bei schönem Wetter Steckerlfisch macht. Biertische auf Natur-Terrassen, ein paar Sonnensegel, Brotzeiten und Bier gibt's am Kiosk, und so lassen sich mit den Füßen im Wasser auch hier Sonnenuntergänge genießen. Die sind vielleicht nicht so spektakulär wie am Chiemsee, doch dafür sind die Genießer hier unter sich.

BADEN MIT DEN STEINKREBSEN
Der Taubensee

Zu einem See passen Enten, Möwen, Haubentaucher ... aber Tauben? In Oberbayern gibt es sogar zwei Seen mit diesem Namen, sowohl im Berchtesgadener Land als auch an der Grenze zu Tirol. Eben der ist nicht nur der höchst gelegene Bergsee im Chiemgau, sondern bietet auch sonst noch ein paar Besonderheiten. Noch einmal zu den Tauben: Der Name kommt von den »Daubben« oder »Daupn«, so nannte man früher in Bayern die Steinkrebse, die heute selten geworden sind, doch wegen der hohen Wasserqualität im Taubensee immer noch vorkommen. Auf 1.138 Metern liegt er und ist nur über längere Wanderwege zu erreichen. Zum Beispiel über den Kroatensteig oberhalb der Streichenkirche bei Schleching, einen Weg, der es in sich hat. Auch von Kössen in Tirol braucht man gut zwei Stunden bis zur Taubenseehütte, die zwar nicht direkt am See liegt, dafür aber einen grandiosen Blick auf das Kaisergebirge und einen guten Kaiserschmarrn zu bieten hat.

    Dunkelgrün und eiskalt ist das Wasser im Taubensee. Nur 3,6 Hektar beträgt seine Fläche, dabei ist er immerhin 40 Meter tief. Er hat weder Zufluss noch Abfluss und speist sich nur aus dem Oberflächenwasser des umgebenden Bergkessels. Baden ist nicht verboten, doch den Mut finden nur wenige; das im Rucksack fehlende Handtuch ist dabei eine bewährte Entschuldigung.

    Bis zur Säkularisation gehörte der See zum Erzbistum Chiemsee, seinen Klöstern lieferte er die besagten Krebse, aber auch Hechte, Barsche und Forellen. Die Infotafel am See verrät uns, dass der Fang lebend in hölzernen Bottichen bergab transportiert wurde, Fische und Krebse durften sich zwischendurch in »Fischwasserkaltern« an Bächen und Quellen vom langen Weg erholen. Freut euch nicht zu früh, liebe Tierschützer, die Motivation der Klosterherren war nichts weiter, als es sich mit möglichst frischen Krebsen gut gehen zu lassen.

GROSSZÜGIG UND WELTOFFEN
Der Chiemsee

15

Ein Sommerabend am See, das Gespräch mit dem Freund über Gott und die Welt fließt so dahin, bis dieses Zitat ins Spiel kommt, vom Dalai Lama soll es stammen: »Der Chiemsee ist das spirituelle Herz Bayerns!« Selbst wenn ich als Quelle nur die Fantasie des Freundes in Verdacht habe, der Satz kommt mir irgendwie stimmig vor. Der Umriss auf der Landkarte ist ähnlich, und wie das Herz ist er im Bewusstsein einfach immer schon da und pumpt permanent warmes Wohlbefinden durch unsere Adern. Und dann gibt es über die Herzenssache Chiemsee die historischen Berichte, die von brutalen Eingriffen künden, quasi OPs am offenen Herzen.

Im Jahre 1904 war es, als die Spekulation auf Landgewinn mit Duldung aus München eine Senkung des Wasserspiegels um einen ganzen Meter in Gang brachte. Über 1.500 Tagwerk landwirtschaftlichen Grunds versprach man sich davon. Der Abfluss in die Alz bei Seebruck wurde erweitert, das Wasser verschwand, doch die Folgen für Landschaft und Natur waren verheerend. Es fielen Buchten und Flachwasserzonen trocken, die für den Fischnachwuchs lebenswichtig waren, und auf der Fraueninsel versiegten für lange Zeit die Brunnen. Nur 16 Jahre später, wieder mit Duldung der Obrigkeit, wollten Industriebarone von der Ruhr mit einem Stauwehr in Seebruck für eine geregelte Wasserzufuhr ihrer Chemiewerke an der Alz sorgen. Der Chiemsee sollte zum Industrie-Staubecken mit willkürlich wechselndem Wasserstand degradiert werden! Diese Vorstellung brachte die Chiemgauer, anders als 1904, ordentlich in Wallung. Wortführer des Widerstands war Ludwig Thoma, seinem flammenden Aufruf »Rettet den Chiemsee!« schlossen sich andere Schriftsteller an, und gemeinsam waren sie zum Glück erfolgreich. Die Natur um den See würde ohne diese frühen Umweltschützer heute bestimmt anders aussehen. Thomas Motivation waren sicher auch die Erinnerungen an seine Chiemsee-Sommerferien, die er als Internat-Schüler regelmäßig in Prien verbrachte, wo seine Mutter das Gasthaus Kampenwand führte. Über die traumhaften Tage im Boot auf dem See kann man in seinen *Lausbubengeschichten* einiges nachlesen, auch darüber,

Chiemseeblick in Hittenkirchen

dass er als geschickter Schwarzfischer genau wusste, wo die besten Hechte standen.

Heute gibt es am Chiemsee und auf den Inseln 17 Berufsfischer, die in einer Genossenschaft organisiert sind. Darunter sind Fischerfamilien, die seit vielen Generationen ihrem Handwerk nachgehen. Als Inhaber der Fischrechte hat früher das Inselkloster die Reglements bestimmt, heute kümmert sich darum die Genossenschaft. Alles, was am Chiemsee organisiert werden muss, ob Schifffahrt, Wassersport oder die Fischerei, geschieht effektiv, aber zum Glück so, dass es kaum jemand merkt. Es ist diese gefühlte Unberührtheit, die alle auf dem See friedlich miteinander umgehen lässt. Auch wenn an einem Wochenende Hunderte Segler das Wasser bevölkern und in den Beachbars bis in die Nacht gefeiert wird, am nächsten Morgen liegt der See wieder da wie am ersten Schöpfungstag. Genau dahin fühlt man sich versetzt an einem Sommertag unter den alten Weiden der stillen Krautinsel, die verrückte Suche nach fernen Zielen löst sich an einem Platz wie diesem einfach auf.

Wegen seiner Größe von über 80 Quadratkilometern wird der Chiemsee auch das »Bayerische Meer« genannt, beim Seen-Ranking hat er es mit dem dritten Platz sogar aufs Treppchen der Republik geschafft. Weil er in Bayern der Größte ist, interessieren uns die beiden anderen wenig, denn außer Größe gibt es ja noch andere Werte, wie zum Beispiel Großzügigkeit. Ganz sicher haben auch Seen ihren Charakter; so wie der Königsee mit den steilen Felswänden der Einschüchternde ist oder der Tegernsee mit seinen Hotel-Promenaden sich gerne eitel gibt, so ist der Chiemsee einfach nur eine großzügige Einladung: in den Farben Grün-Gold für Wasser, Strand und Auen, Weiß-Blau für den Himmel und sein Spiegelbild und Dunkelgrün mit Felsengrau für die Bergkulisse im Süden.

Als mit dem Rückzug der Gletscher vor rund 10.000 Jahren der Chiemsee entstand, war dieses große, fischreiche Gewässer für die Menschen ein Geschenk der Natur. Kelten, Römer und Germanen besiedelten seine Ufer, und als irische Mönche im 7. Jahrhundert neue Gedanken an den See brachten, war mit dem Erfolg ihrer christlichen Mission der Grundstock für die kulturelle Prägung im Chiemgau gelegt, und die kam von den Klöstern. Es sollen einmal über 30 gewesen sein, das bekannteste, wenn auch nicht älteste Beispiel ist immer noch die Abtei Frauenwörth auf der Fraueninsel, die seit über 1.200 Jahren besteht.

Heute betreiben hier die Schwestern des heiligen Benedikt ein bedeutendes Seminarzentrum für Sinnsucher aus allen Gegenden des Globus. Solche weltoffenen Gäste ernähren sich gerne bewusst, auf der Insel ermöglicht das der indische Ayurveda-Koch Nicky Sitaram Sabnis aus Mumbai, der vor 19 Jahren im Herzen des Chiemgaus nach einer Lebenskrise seine Mitte gefunden hat. Als »Insel-Hindu« gehört er inzwischen im Kloster, auf der Insel und drumherum einfach dazu. Zwischen Gstadt und Breitbrunn hat Nicky am schönsten Aussichtspunkt über dem See seinen »Friedensgarten« angelegt, einen öffentlichen Ort der Meditation und des Dankes. Das Grundstück hat ihm ein freundlicher Nachbar überlassen. So hat der Dalai Lama am Ende vielleicht doch recht mit seinem spirituellen Prädikat.

BADEN IM UNSICHTBAREN SEE
Der Bärnsee bei Aschau

16

Sagenumwoben, unergründlich tief (angeblich), an keiner Stelle zugänglich und auf einem Rundweg nur mit Mühen hin und wieder in kleinen Ausschnitten sichtbar: der Bärnsee. Außerhalb der Region ist er oft der »Bärensee«, aber offen bleibt, ob er jemals etwas mit Bären zu tun hatte. Lauter Rätsel, doch eines ist klar: Sein braunes Moorwasser ist von ausgesuchter Heilkraft gegen jede Art von Stress, besonders dort, wo es zum Baden einlädt, und das ist nicht im See.

Der liegt 200 Meter unterhalb der Weiler Höhenberg und Spöck inmitten eines kleinen Hochmoors, sammelt das Wasser der »Filzen« und schickt es durch einen geschützten Auwald nach Süden, wo es nun endlich seine Wirkung entfalten kann: im viele Jahrzehnte alten, holzumrandeten Becken des Natur-Moor-Freischwimmbades von Aschau. Schon sein Anblick ist erholsam, so sahen die Freibäder bestimmt schon vor 80 Jahren aus, als man den Begriff »Stress« noch nicht kannte. Auf der Liegewiese stehen ein paar gemietete Liegestühle und Schirme. Kassenhäuschen, Kiosk und Umkleide sind aus Holz, genauso wie die Umrandung des Schwimmbeckens mit seinem dunklen Wasser, in dem sich die Bäume spiegeln. Es gibt Sandkasten und Schaukel. Aufgereihte Korken markieren den flachen Teil für Nichtschwimmer, und die Ruhe mit Blick auf die Berge macht die Bade-Zeitreise in die 50er-Jahre komplett.

Wer außer simplem Stressabbau noch mehr für die Gesundheit tun will, der kann direkt am Eingang die Kneippanlage nutzen, eine mit zweierlei Wasser: Genau hier kommt nämlich das braune Wasser des Bärnsees wieder zum Vorschein und fließt gemeinsam mit dem klaren Bergwasser des Schafelbachs Richtung Prien. Beim Wassertreten hat man eine Zeit lang die Wahl zwischen zwei Farben und Temperaturen.

DIE ROSENHEIMER BADEWANNE
Der Simssee

17

Von Einsamkeit sprach 1865 Heinrich Noë in seinem *Bayerischen Seenbuch*, als er feststellte, dass an den Simssee-Ufern keine größere Ansiedlung zu finden war. Was eigentlich bis heute gilt, wenn man die Sommerhäuser und Strandbäder einmal ausnimmt. Die Rosenheimer mögen ihren Simssee, manche haben ihre Boote hier liegen, und ein beliebtes Angelrevier ist er auch. Geologisch ist er ein Überbleibsel des riesigen Rosenheimer Sees, dem am Ende der letzten Eiszeit plötzlich »der Stöpsel gezogen wurde«. Bei Wasserburg hatte sich der Inn einen Ausfluss geschaffen, der See lief aus und in einer Moränen-Rinne, 20 Meter oberhalb von Rosenheim, blieb wie ein stiller Fjord der Simssee übrig.

Knapp sechs Kilometer lang und 1,5 Kilometer breit, nach Westen gut abgeschirmt und daher ein eher sanftes Segelrevier, beliebt bei den Anglern wegen seiner kapitalen Hechte und mit drei Strandbädern ein Urlaubsrevier vor der Haustür ... das ist der Simssee. Seine grünen, bewaldeten Ufer spiegeln sich im Wasser, lärmender Verkehr ist weit weg, hin und wieder hört man am Ostufer den Zug Richtung Salzburg fahren, aber ansonsten kann der Aufenthalt hier die pure Entspannung sein.

Das Wasser ist frisch und wird der Qualitätsstufe »ausgezeichnet« zugeordnet. Was sicher auch an den rund 20 Zuflüssen liegt. Bis auf die Thalkirchner und die Antworter Achen sind das jedoch nur Bäche und Bächlein. Wer am Südende den schönen Weg durch das Naturschutzgebiet nimmt, sieht, wie die Sims das Seewasser auf kurzem Weg Richtung Inn schickt. Alles in allem eine Art Bilderbuchsee, seine Strandbäder in Baierbach, Pietzing und Ecking sind großzügig ausgestattet und bis auf die Parkgebühren kostenfrei. Urlaub vor der Haustür, hier scheint er erfunden worden zu sein.

FLÜSSE, FÄLLE, KLAMMEN, GUMPEN, FILZEN

AUSGANGSPUNKT ZUM EINSTIEG IN DIE SCHLUCHT IST DER GASTHOF MAUTHÄUSL /// MAUTHÄUSL 1 /// 83458 SCHNEIZLREUTH /// 86 65 / 9 86 00 /// WWW.HOTEL-MAUTHAEUSL.DE ///

GLITSCHIG BIS SCHÄUMEND
Die Weißbachschlucht

18

Auf der Straße von Inzell nach Schneizlreuth gibt es viele Kurven und damit viele Motorradfahrer, die schneidig die Ideallinie nehmen, und traumatisierte Autofahrer aus flachen Ländern, die die Passstraße mit dem Bremsfuß befahren. Das war natürlich nicht immer so, und man mag sich gar nicht ausmalen, wie hier jahrhundertelang schwere Transportgespanne und Postkutschen zwischen Bayern, dem Salzburger und Berchtesgadener Land hin- und hergerumpelt sind. Denn der Gebirgsdurchbruch war eine der wichtigsten Salzhandelsstraßen, und das schon vor Christus, angeblich war einer der ersten Mautner der Römer Fortunatus (um 180 n. Chr.). 1346 wurde die erste befestigte »Güldene Salzstraße« über den Jochberg gebaut, 1597 kam eine besser ausgebaute hinzu. Um die Kosten wieder reinzuspielen, fielen für jedes Pferd Mautgebühren an, weshalb man eine Mautstation weit oberhalb der Weißbachschlucht baute. Wenn man in dem unwegsamen Gelände schon anhält, dann kann man auch gleich noch was essen, dachte man sich wohl schon 1650, als aus der Mautstation eine Tafernwirtschaft für Salzhändler, Fuhrleute und Holzarbeiter wurde. Heute kann man von einer sensationellen Terrasse in den tief unten brodelnden Weißbach schauen oder im angrenzenden Hotel übernachten und kuren. Jawohl, das heutige Mauthäusl setzt der guten Berg- und Wasserluft noch eins obendrauf mit Wellnessangeboten, von ionisierter Luft über Baden in St.-Leonhards-Wasser bis hin zu basischer Kost. Vielleicht weil man hier unweigerlich das Gefühl hat, etwas für die Gesundheit tun zu müssen, nachdem man mit dem Auto auf dem hoteleigenen Parkplatz gelandet ist, wo schon ein Holzschildchen in die Weißbachschlucht weist. »Nur für Geübte«, steht dann ein Stückl weiter unten, wenn man an lieblichen Almen vorbeigeschlendert ist, immer noch nicht ahnend, welches Abenteuer da auf einen wartet. Auch der Hund trabt noch still vergnügt auf seinen kurzen Beinen, die ihm wenig später ein echter Nachteil sind. Denn kaum trudelt der Weg in Richtung Schlucht, geht auch schon die Sonne weg und die Feuchtigkeit kommt. Überall. Von Blättern tropfend, auf den Steinen als Belag und als Flüsschen und Rinnsale aus jeder

Auf der Terrasse des Gasthofs Mauthäusl thront man über der tosenden Schlucht.

Spalte feuchtelt es auf dem Weg zum Weißbach. Den hört man schon recht bald rauschen, weil er sich immer wieder in Fallstufen in klare grüne Becken ergießt. Jetzt im Sommer führt er kommod wenig Wasser mit sich, aber die riesigen Stämme, die wie Mikadostäbe von einer Schluchtwand zur gegenüberliegenden reichen, erzählen von ganz andren Kräften, wenn die Schmelzwasser diese Schlucht unpassierbar machen. Auf einem an den Fels gepressten Weg geht es weiter, gelegentlich hat man mit Betonstegen und Holzbrückchen nachgeholfen, was allerdings den Thrill nicht vermindert. Denn neben dem teils nur 30 Zentimeter breiten Pfad geht es pfeilgerade nach unten in die Gischt. Manchmal muss man sich an der Vertikalbegrünung der Steilwände festhalten, dann wieder hilft ein Stahlseil. Der Hund hat zu kämpfen, nicht nur, weil es rutschig ist, sondern auch, weil teils hohe Stufen überwunden werden müssen. Plötzlich, nach vielen Kurven, die man staunend vor Naturglück hinter sich gebracht hat, zeigt ein Wegweiser wieder zurück zum Mauthäusl. Was denn, nur so kurz? Man will noch weiter, das Naturschauspiel auskosten, wenn man schon mal hier unten ist. Doch dann geht nichts mehr, jedenfalls nicht für Hunde mit kurzen Beinen, die sich ja nicht mit einer Pfote am Stahlseil festhalten können und mit den restlichen dreien auf einem handbreiten Grad entlangstibbern. Ein Regenbogen aus Gischt und Sonneneinfall macht einem das Abschiednehmen schwer. Man beschließt die nächste Schluchtdurchquerung ohne Hund, denn weiterlaufen kann man bis Schneizlreuth, von wo ein Bus wieder zurückfährt.

Wenn man dann den Aufstieg zum Mauthäusl zur Hälfte hinter sich gebracht hat, muss eine Rast sein. 1.000 Töne Grün sind atemberaubend schön, und man selbst ist auch aus andren Gründen außer Atem, denn der mit Bohlen ausgeschlagene Treppenpfad geht in die Waden, und dem Hund muss auch geholfen werden, vor allem bei einer Stahltreppe mit Gittertritt. Wenn man seinen Hund da hinaufgetragen und noch die letzte steile Treppe zur Mauthäusl-Terrasse genommen hat, kommt einem die Lokalität wie das Paradies vor. Was sie auch ohne vorherige Anstrengung ist. Blickt man hinunter, kann man nicht glauben, dass man da gerade war und seine ganz eigene Wasser- und Luftkur hatte. Blickt man hinauf, sehen die umliegenden Gipfel ganz unschuldig herab auf das Wasser, das da zwischen ihnen ohne Unterlass fließt.

Die Weißbachschlucht ist ein kleines Abenteuer, das man vor lauter Autofahren links oder rechts liegen lässt. Ein Fehler, den unsre salzhandelnden Vorfahren nicht machten, die sich in der guten Luft viel schmecken ließen oder gar beim Rauschen des Weißbachs in einen tiefen, erholsamen Schlaf fielen.

STARTPUNKT DES MOORERLEBNISPFADS IN DER INZELLER FILZEN IST DER PARKPLATZ GASTHAUS SCHWARZBERG /// TRAUNSTEINER STRASSE 95 /// 83334 INZELL ///

SPAZIERGANG IN DIE EISZEIT
Die Inzeller Filzen 19

Mit der richtigen Kulisse ist es gar nicht so schwer, einen Sprung von 10.000 Jahren in die Vergangenheit zu machen, als die eiszeitliche Gletscherschmelze eine Moorlandschaft im Westen von Inzell entstehen ließ. Die Inzeller Filzen ist ein herausragendes Beispiel renaturierter Moorlandschaft mit Sumpfwiesen, Feuchtwäldern und einer einzigartigen Flora und Fauna. Startpunkt ist der Parkplatz des Gasthauses Schwarzberg an der Traunsteiner Straße kurz vor Inzell. Sauber ausgeschildert und mit Mitmach-Modulen angereichert, bringt der Moorerlebnispfad auch die jüngsten und unwilligsten Kinder schnell in Entdeckerlaune. Denn eventuell könnte in dieser Urzeitlandschaft doch noch ein Mammut herumstapfen? Oder was raschelt da so verdächtig zwischen Heidekraut und Wollgräsern, Birken und Totholz? Tatsächlich sind die Graskissen und die blubbernden Wasserlöcher mit den schwarzen Baumstümpfen ein ziemlich unheimlicher Anblick. Wenn man dem Erlebnispfad folgt, kann an 20 Stationen das Wissen (auch der Erwachsenen) erweitert werden. Der zweite Wanderabschnitt steht unter der Überschrift »Expedition«, und wirklich sollte man vom Gummistiefel bis zur Ersatzhose für die Kleinen alles im Gepäck haben. Die Wiesen sehen nämlich nur oberflächlich trocken aus, sind aber vollgesogen wie ein Schwamm. Dass hier ein ganz eigenes Mikroklima herrscht, merkt man, sobald die Sonne hervorlugt. Schnell wird es dampfig, und wo gerade noch dicke Tropfen an den Gräsern hingen, flattert der Hochmoorgelbling von Blüte zu Blüte.

Natürlich kann man in der Inzeller Filzen auch einfach so kreuz und quer laufen. Die gut gekiesten Wege sollte man allerdings nicht verlassen, denn Moor bleibt Moor mit unberechenbaren Löchern und geschützten Habitaten für Vögel, Schlangen und Amphibien.

Das Schönste an dieser Zeitreise ist, dass man sie jederzeit unterbrechen kann. Entweder, um im Gasthaus Schwarzberg einzukehren oder um einen Abstecher nach Inzell zur Eisdiele zu machen. Eiszeit und Eis-Zeit liegen eben dicht beieinander.

VON FISCHEN, (EIN-)FLÜSSEN UND FOLIANTEN
Das Kloster Raitenhaslach

20

Ein abgeschiedenes Kloster etwas unterhalb der Handelsstraße, etwas oberhalb der unberechenbaren Salzach, warum? Wahrscheinlich war das Teichwesen »schuld«, das im Auenbereich der Salzach prächtig funktionierte, oder die Salzach selbst, auf der bereits im 9. Jahrhundert mit Plätten, kiellosen Transportschiffen, das Salz aus Hallein transportiert wurde. Oder das nur 40 Kilometer entfernte Salzburg, zu dem Raitenhaslach und auch das nahe Burghausen damals gehörten. Vermutlich eine Mischung aus allem, plus die frühe Bestimmung als spiritueller Ort, und vor allem eine Reformgruppe, die aus den Benediktinern hervorging. Bereits im Jahr 788 fand Raitenhaslach eine Erwähnung in den Salzburger Kirchenbüchern, allerdings war da ein Klosterbetrieb noch in weiter Ferne. Erst 1146 gründete dort der noch junge Zisterzienserorden ein Tochterkloster des Hauptsitzes Cîteaux. Die Zisterzienser waren, wenn man so will, frühe Aussteiger. Einkünfte aus Pacht, Zins, Zehnt lehnten sie ab, allein von ihrer Hände Arbeit wollten sie leben. Die geschickten Mönche, die aus Handwerks- und Kaufmannsfamilien stammten, ernährten sich lange fleischlos, sie waren Pescetarier, Fischesser, und unterhielten große Fischzuchten. Die Raitenhaslacher Fischteiche aus dem klösterlichen Besitz bestehen noch heute und sind ein Besuchermagnet. Berühmtester Zisterzienser des frühen Mittelalters war Bernard de Clairvaux (1090–1153). Seinem Lebensweg ist die barocke Ausgestaltung der Klosterkirche und des Deckenfreskos gewidmet.

Wenn man die Klosterkirche heute besucht, ist von dem bescheidenen Leben der Zisterzienser allerdings wenig zu sehen. Die ursprünglich romanische Basilika wurde im 17. Jahrhundert zu einer Wandpfeilerkirche umgebaut, mit einer barocken Fassade versehen und innen zu einem Prachtstück spätbarocker Kirchengestaltung umgebaut, Anlass war das 600-jährige Jubiläum des Ordens. Denn im 17. und 18. Jahrhundert öffneten sich die Zisterzienser mehr und mehr der Repräsentationslust des Barock. Erweitert wurde die bereits riesige Klosteranlage, inklusive Brauerei, Landwirtschaft und Fischteichen, noch um die Bibliotheken, den Mathematischen Turm sowie den bis heute sichtbaren Prälatenstock mit Festsaalanbau.

Wo früher die Zisterzienser von Fisch und Gemüse lebten, lädt heute der Klostergasthof zur Einkehr.

Die Säkularisierung 1803 hat den einst üppigen Gebäudebestand bis ins Jahr 1807 reichlich dezimiert. Im Zuge dessen wurden auch die Folianten der Bibliothek als Altpapier im Kilo verkauft. Raitenhaslach fiel in einen Dornröschenschlaf, umwuchert von der üppigen Vegetation der Uferauen der Salzach. Das ewig feuchte Klima und die überall pritschelnden Bächlein, Abflüsse, Zuströme arbeiteten an der Substanz. Und wenn unterhalb des Klosters, am kommoden Salzachradweg, auf dem man zum Beispiel von Tittmoning nach Burghausen radeln kann, die Menschen vorbeifuhren, stieg kaum einer die steilen Stufen zum Kloster empor. Das änderte sich erst, als die Stadt Burghausen 2003 das Kloster ersteigerte. Bald darauf wurde der Klostergasthof in private Hände verkauft. Heute steht da in hellem Barock-Gelb ein prächtiges Wirtshaus samt einladendem Biergarten und einem Brunnen, der an die alte Braukunst des Klosters erinnert.

Ja, und dann ist im Jahr 2016 etwas geglückt, was man Synergieeffekt im besten Sinne nennen kann. Der rührige Burghauser Bürgermeister Hans Steindl und der Präsident der Technischen Universität

München (TUM) Wolfgang Herrmann hatten 2013 einen Vertrag geschlossen, der der TUM eine 25-jährige kostenlose Nutzung zusichert. Nach Gutachten verschiedener Lehrstühle der TUM wurde durch die Stadt Burghausen das Ensemble so sensibel umgebaut, dass ein Forschungs-, Kongress- und Tagungszentrum entstanden ist, das anknüpft an die Gründung der akademischen Naturwissenschaften in Bayern, die aus dem klösterlichen Leben hervorgegangen sind. Am 4. Juni 2016 wurde das TUM-Akademiezentrum Raitenhaslach eröffnet. Wissenschaftliches Leben trifft nun auf Kultur, denn im Innenhof finden Freiluftkonzerte statt, zum Beispiel mit Gerhard Polt und den Well-Brüdern, *Silbermond* und anderen Magneten. In der Klosterkirche kann barock geheiratet werden. Der Gasthof bietet Platz für Hundertschaften von Salzachradlern und die Fischweiher können den durchaus wieder erstarkten Pescetarier-Trend bedienen. Außerdem gibt es unterhalb des Klosters eine Plätten-Anlegestelle für touristische Bootsfahrten auf der Salzach. Und wem bei den vielfältigen Funktionen des neuen Raitenhaslach das Barmherzige eines Klosters etwas abgeht, der kann Spender für das Tierheim werden, das klosternah betrieben wird.

Das architektonisch durch viele Jahrhunderte geprägte Areal ist so weitläufig, dass sich an zahlreichen Stellen kontemplative Ecken finden lassen. Und wer vom Akademiehof über der Salzach in das fast dschungelhafte Grün des Flussbeckens blickt, muss kein Naturphilosoph und kein Geistlicher sein, um die Energie zu spüren, die von dem Kloster am Fluss ausgeht. Kraftorte haben etwas mit Naturmagie zu tun und verlieren in den Zeitläufen nicht ihre Wirkung.

DUNKLE LÖCHER UND BIRKENALLEEN
Der Moorerlebnispfad im Schönramer Filz

21

Wer von Schönram nach Leoben unterwegs ist, im sanft gehügelten Herzen des Rupertiwinkels, dem bietet sich beim Durchfahren eines dichten Waldstücks ein schaurig-schöner Anblick. Baumstümpfe ragen aus einer schwarzbraunen Sumpflandschaft. Man drosselt das Tempo, weil ein Schild zum Spaziergang auf dem »Heidepfad« einlädt. Bereits am geräumigen Parkplatz informieren bebilderte Tableaus. Die leitmotivische Libelle wird uns den rund 2,2 Kilometer langen Wanderweg durch das Schönramer Filz weisen. Was wir hier erleben dürfen, ist das Erbe der Eiszeit von vor 10.000 Jahren. Noch bis 1850 lag hier eines der größten zusammenhängenden Moorgebiete Süddeutschlands. Dann begannen die Bauern der Umgegend mit dem händischen Torfstechen. Schließlich siedelte sich im 20. Jahrhundert eine ganze Industrie mit Werkhallen und Arbeitersiedlungen an. In Zeiten der NS-Diktatur gab es Zwangsarbeiter im Schönramer Moos. Nach dem Krieg wurden Flüchtlinge aus Schlesien als Arbeiter für die Torfveredelung angeworben. Erst 1990 wurde ein umfassendes Renaturierungsprogramm verabschiedet, um dieses einmalige Biotop zu erhalten und wieder in eine intakte, lebendige Moorlandschaft zu verwandeln.

Wer heute hier durchgeht ... der kinderwagentaugliche Rundmarsch um das Hochmoor erfolgt auf mit Rindenmulch bestreuten Wegen ... lernt dank der Schautafeln viel über Vertorfung, Heide und urzeitliches Leben. Und man taucht ein in eine sperrig-schöne Landschaft. Birken, Heidekraut, Gräser und Seggen säumen den Weg. Polstrige Heidewiesen, die sich sanft wölben, lassen den Wanderer ruhig werden. Ehrfürchtig steht man vor den ölig-schwarzen Torfbecken. Jogger, Familien, Hundebesitzer durchstreifen das Gebiet. Die Brotzeit lässt sich auf den geräumigen Rastplätzen verputzen. Dabei würde es wohl niemanden wundern, wenn aus einer Ansammlung Wollgräser ein Mammut heraustreten würde. Das Schönramer Filz ist eine gelungene Kombination aus Paläontologie, Naturschutz und Naherholung.

DIE SALZACHAU UND IHRE BEWOHNER
Der Auenlehrpfad in Tittmoning

Mitten in der Stadt eine Art Dschungel zu haben ist ein Geschenk der Natur, eines, mit dem Tittmoning sorgsam umgeht. Mit viel Renaturierung wird ein gezieltes Biosphärenmanagement betrieben. Ein Geflecht von Altarmen und Fließgewässern hat mitten in der Salzachstadt eine Auenlandschaft geprägt, die bayernweit einmalig ist. Geschützt liegt das sumpfige und artenreiche Auwaldgebiet zwischen Salzachdamm und der höher gelegenen Altstadt von Tittmoning. Faulere Ausflügler starten am Parkplatz Wasservorstadt, wir aber nähern uns der Aue langsam, um zu begreifen, wie nah Stadt und Natur beieinanderliegen. Wir verlassen den Stadtplatz mit seinen bunten Blendfassaden durch die Rathausgasse. Schon bald führt ein Fußpfad hinunter zur Wasservorstadt (mit dem Parkplatz), in der der Siechenbach fließt. An dem gehen wir eine Weile entlang, bis der Wegweiser zum Auenlehrpfad führt. Hier sollte man sich auf den Wegen halten, nicht nur damit das empfindliche Ökosystem Aue nicht gestört wird, sondern auch, weil hier grün und üppig ein dampfiges Klima herrscht, das vielen Bodenbrütern eine Schutzzone bietet. Auch Insekten, Greifvögel und riesige Biberkolonien, Wasserbrüter und Amphibien siedeln in dem Gebiet, das erst durch umfassende Renaturierungsmaßnahmen wieder zum vernetzten Biotop wurde. An verschiedenen Infopunkten werden Flora und Fauna erklärt, in charmant altmodischer Optik.

Wer den Auenwald mückenfrei ansehen will, macht dies am besten im Rahmen einer historischen Plättenfahrt. Die Anlegestelle liegt in der Aue am Salzachdamm. Im Sommer halten hier die großen Lastkähne, die früher das Salz auf dem Flussweg transportiert haben und nun Ausflügler befördern. Wir bleiben auf dem Lehrpfad und sehen uns satt an den 1.000 Farben Grün, die der Auwald hervorbringt, getupft von 160 Schmetterlingsarten und urzeitlich anmutenden Pflanzen. Hunde müssen an die Leine (wegen Reh und Hirsch), Wanderer, Jogger, Radler bewegen sich mit Bedacht. Hier in der Aue ist Naherholung gleich Biologiestunde.

WER RÜBERWILL, ZIEHT DIE GLOCKE
Die Alzfähre beim Roiter in Altenmarkt

23

Nur noch wenige Jahre und die Fähre beim Roiter kann ihr 120. Jubiläum feiern. Offiziell genehmigt wurde sie vom königlichen Bezirksamt Traunstein zwar erst 1915, doch da hatten die Leute beim Roiter bereits 16 Jahre lang jeden über die Alz gefahren, der dieses Ansinnen bei ihnen vorbrachte. So wie damals geht das bis heute nur mit einem Kahn für wenige Personen, der früher für die Kirchgänger aus Hölltal, Wies und Massingmühle eine Abkürzung ihres Sonntagsweges zur Klosterkirche in Baumburg bedeutete. Sie fuhren in einer soliden Plätte aus Holz. Heute sitzen die Passagiere, vorwiegend Wanderer und Radfahrer, in einem modernen Boot aus Aluminium mit orange-rotem Warnanstrich. Die ersten Sätze der amtlichen Genehmigung vom 2. August 1915 geben über Sinn und Zweck des Unternehmens folgende Auskunft: »Der Gütlerswitwe Karolina Roiter in Garsch wird die wasserpolizeiliche Erlaubnis zur Überführung eines Drahtseiles über die Alz bei Garsch bei km 13,5 zum Zwecke des Betriebes einer lediglich Privatzwecken dienenden Drahtseilfähre nach Maßgabe des eingereichten Planes und der Beschreibung vom Mai 1914 unter folgenden Bedingungen nachträglich erteilt: [...]« Es folgen wie üblich endlose bürokratische Absicherungen, aus denen hervorgeht, dass es sich hier um eine sogenannte Gierfähre handelt. Der genehmigte Privatzweck bedeutete, dass die Fahrten über den Fluss kein Gewerbe darstellten. Über feste Preise und Fahrzeiten ist nichts zu lesen, und so ist es bis heute üblich, dass die Fährgäste geben, was es ihnen wert ist. Bisher ist nicht bekannt, dass jemand diese Tradition nicht ernst genommen hätte.

Das erwähnte Drahtseil, an dem das Fährboot hängt, hat übrigens einen schlankeren Zwilling, der vom Baumburger Ufer durch den gegenüberliegenden Auwald bis zum Roiter-Anwesen führt, das gute 100 Meter vom Fluss entfernt liegt. Wer drüben an einer Vorrichtung zieht, setzt beim Roiter den »Hoi mi ab« in Bewegung, eine an der Hauswand angebrachte Glocke, die genau diesen Wunsch signalisiert. Der Roiter ist ein nicht besonders großes Fischer- und Bauernanwesen, das immer schon nebenbei auch eine Einkehr war,

Mithilfe einer Glocke können Wanderer die Fähre herbeirufen.

für jeden, der in diesem abgelegenen Teil des Alztales den Weg auf die andere Seite abkürzen wollte.

Diese Abgeschiedenheit hat sich zum Glück bis heute erhalten, und auch wenn der neue Pächter von Selbstbedienung durchs Küchenfenster umgestellt hat auf klassischen Biergartenservice, ist die besondere Ruhe dieses Ortes unangetastet geblieben. Unter Obstbäumen stehen Tische und Stühle auf der Wiese, Hühner kratzen am Weg und die Ruhe ist traumhaft. Wer ans Baumburger Ufer möchte, sagt halt Bescheid, es findet sich immer jemand, der den Fährmann macht. Und wenn ein Wetter aufzieht und die Gesellschaft grad recht zünftig ist, dann zieht man sich zurück unters Dach des hölzernen Salettls und wartet ganz einfach ab.

Sich zurückziehen und abwarten, das hat hier vor 70 Jahren schon einmal eine Rolle gespielt und den Roiter an der Alz zu einem Literaturschauplatz gemacht. Im Mai 1945, der ein besonders warmer und blühender Monat gewesen sein soll, strandete beim Roiter eine bunt zusammengewürfelte Schar von Kriegsflüchtlingen, darunter die 23-jährige Wehrmachtshelferin Ruth Rehmann aus dem

Rheinland. Bei der »Schwaigerin«, wie Mina Stecher, geborene Roiter und gute Seele des Ortes, genannt wurde, fand die spätere Autorin den Platz und die Ruhe, um die Schrecken des Krieges zu vergessen. 40 Jahre später erschien ihr Buch *Die Schwaigerin*, in dem sie die Jahre an der Alz und die Freundschaft zwischen den beiden sehr unterschiedlichen Frauen eindringlich schildert. Ruth Rehmann blieb dem Schauplatz verbunden, Minas Enkelin Alexandra berichtet, dass sie bis kurz vor ihrem Tod 2016 vom nahe gelegenen Trostberg aus gelegentlich den Roiter besucht hat, um in der Alz zu schwimmen. Und das mit über 90! Über das Schwimmen in der Alz 70 Jahre zuvor gibt es ein paar großartige Stellen in der *Schwaigerin*, von denen ich eine zitieren möchte:

»Wenn die Strömung uns nicht mehr vorankommen ließ, zogen wir uns am Ufer hoch und spähten nach den Unterwasserfelsen, die bei niedrigem Wasserstand herausragten, bei hohem Wasser durch einen glasigen Wellensprung bezeichnet waren. Dorthin warfen wir uns, umklammerten mit Armen und Beinen den Stein, krochen krebsig hinauf, gerade so weit über die Strömung, dass wir uns umdrehen und auf der runden Kuppe niederlassen konnten. Dort ruhten wir aus, Schaum im Rücken, auf den Schultern Sonne wie warme Tücher. Mit der steigenden Sonne kamen die Bremsen. Dann war es Zeit aufzustehen und so weit wie möglich in die offene Strömung zu springen. Unter Wolkenhimmel und Baumkronen trieben wir auf dem Rücken, kreisten mit Wirbeln, fuhren hinab zu den Steinen, die mit leisem Klicken auf dem Grund aneinander stießen, schossen hoch wie die Korken aus Sektflaschen, warfen die triefenden Haare zurück und schwammen zur Sandbank unterhalb der Fähre, deren Sand aus lauter winzigen Muscheln und Schneckenhäusern bestand.«

Auf der Wiese beim Biergarten liegen die Reste eines hölzernen Fährbootes, seinen Namen, *Mina*, trägt auch der aktuelle Nachfolger. Kanufahrer, die beim Roiter gerne anlegen, rätseln über dieses Relikt alter Bootsbaukunst, während sie auf ihre Brotzeit warten. Bei Ruth Rehmann könnten sie manches nachlesen, sie war dabei, als die *Mina* entstand.

ZIEL-VORSCHLAG ROTE TRAUN:
PARKPLÄTZE AM KURPARK /// 83334 INZELL ///

ZIEL-VORSCHLAG WEISSE TRAUN: PARKPLATZ HOLZKNECHTMUSEUM ///
83324 RUHPOLDING ///

EIN FLUSS-SYSTEM WIE AUS DEM BILDERBUCH
Die Traun

Die Rote Traun ist schmal und entsteht bei Inzell, wo sie aus mehreren Bächen zusammenfließt. Einer von ihnen ist der Falkenseebach, der aus ebendiesem See kommt. Die Weiße Traun ist etwas breiter und beginnt oberhalb von Ruhpolding. Ihre Zuläufe sind der Fischbach, ein oft trockener Bergbach mit breitem Geröllbett, der von der Winklmoosalm kommt, und die Seetraun, die den Ablauf des Förchensees bildet. Wie die Rote macht sie sich auf den Weg nach Norden, wo sie bei Siegsdorf ihre kleine Schwester aufnimmt, dann als eigentliche Traun durch das Traunsteiner Land mäandert und bei Altenmarkt in die Alz mündet. Ein schönes Beispiel für Chiemgauer Grundschullehrer, wenn sie die Fantasie ihrer Schüler im Fach HSU in Gang setzen möchten: Deren Flaschenpost könnte von Inzell oder Ruhpolding über die Alz, den Inn und die Donau bis ins Schwarze Meer treiben.

Ursprung und Verlauf von Fluss-Systemen haben mit ihren Adern und Verästelungen Menschen schon immer fasziniert. Diese Faszination hat Entdecker auf die Suche nach der Nilquelle getrieben und letztlich die Disziplinen Hydrografie und Hydrologie begründet. Damit einher ging natürlich der Gedanke an irgendeinen Nutzen, und Flüsse, auch so kleinformatige wie die Traun, können durchaus nützlich sein. Zum Glück haben lange vor den Hydrologen, mit ihrem Interesse für Fließverhalten und Gefälle, schon die Chiemgauer Müller den Nutzen der Traun entdeckt, was alle drei Flüsse vor Eingriffen bewahrt hat, wie sie dann im 20. Jahrhundert üblich wurden. Im Rahmen von Flurbereinigung und Landesplanung wären auch den drei Trauntälern ein paar Begradigungen sicher nicht erspart geblieben, wenn nicht schon ein gutes Dutzend Wehre und Mühlbäche vorher dagewesen wären. Wer genau hinschaut, sieht natürlich, dass die Traun und ihre beiden Quellflüsse schon seit Langem behutsam eingefasst, gelenkt, gestaut und angezapft werden. Doch die meisten dieser nützlichen Eingriffe sind inzwischen von der Natur mit Grün in allen Schattierungen überdeckt worden, die Flussschleifen durch den Wiesen- und Waldgrund der drei Täler sehen völlig natürlich

Klostermühle bei Traunreut

aus und bieten zwischen Traunstein und Altenmarkt genügend Platz für ausgedehnte Kiesbänke, die Badeparadiese der Traunsteiner und ihrer Nachbarn. Oberhalb und unterhalb des romantischen Klobensteins zeigen Feuerstellen, Steinmandln und Landart aus Treibholz, dass hier im Sommer die Natur in vollen Zügen genossen wird. Platz für die Fliegenfischer bleibt ausreichend, sie haben die Uferstellen im Auge, zu denen man nur querfeldein gelangt und bei denen die Kenner zu Recht von traumhaften Revieren schwärmen. Wenn's rauscht »an der Biegung des Flusses«, wähnt sich der Wanderer manchmal in Kanada, wo die Bachforellen sicher auch nicht größer sind.

Denn hier werden die Forellen kaum von Kanufahrern gestört. Die Rote und die Weiße Traun sind zu wasserarm und zu schmal fürs genussvolle Wasserwandern, und auf dem Hauptfluss reicht zwar hin und wieder der Pegelstand, doch an den Wehren ist das Aussteigen und Umsetzen eine von steilen Brennnessel-Ufern geprägte Mühsal. Anders als ihre österreichische Namensschwester ist die Chiemgauer Traun fürs Bootswandern zudem eigentlich zu kurz, trotzdem wurden ab der Mündung in Altenmarkt die rund 35 Fluss-Kilometer bis

Siegsdorf mit stolz aufgestellten Tafeln markiert und gezählt, fast wie an einem »richtigen« Fluss.

Ob man mit dem Finger auf der Landkarte oder mit dem Radl zwischen Traunstein und Altenmarkt unterwegs ist, sie fallen einfach auf ... die Mühlbäche. Oft begleiten sie die Straße viele Kilometer lang, bevor sie wieder irgendwohin abbiegen. Die wenigsten von ihnen haben offenbar noch eine Funktion, aber sie haben ihre eigene Anmut, wenn sie mit Nachdruck und stillem Ernst ihr dunkelgrünes Wasser in Richtung irgendeiner ehemaligen oder vielleicht doch noch aktuellen Aufgabe schieben. Flussaufwärts, an der Roten Traun gibt es noch eine dieser Wasserkraft-Aufgaben zu besichtigen: an der historischen Mühle in St. Johann. Seit 1506 steht sie hier und macht auch heute noch den Eindruck von emsiger Betriebsamkeit. Als Erstes staunt wohl jeder über die Hochwassermarkierung neben der schmalen Eingangstür. Der so harmlos dahinplätschernde Kleinfluss, eigentlich nur ein Bach, hat im Jahr 2002 doch tatsächlich die Mühle bis über einen Meter unter Wasser gesetzt.

In der langen Geschichte der Mühle war das bestimmt nicht das erste Mal, aber Müller sind ein robuster Schlag, der sich zum Beispiel auch auf moderne Zeiten einstellen kann. Unter den vielen Mühlenläden im Chiemgau ist der in St. Johann ganz sicher der echteste. »Authentisch« sagt man heute. Allein der lange Weg vom Eingang, vorbei an alten Schwungrädern und Transmissionsriemen, durch schmale Türen und um diverse Ecken bis zur ausgetretenen Holztreppe hinauf in den Laden ist ein Erlebnis. Der Laden selbst ist hell und freundlich und natürlich von Bio-Angeboten und regionaler Ausrichtung geprägt, doch die wahre Verführung ist dieser einmalige Geruch: Brot und Korn, Mehl und Schrot, Kräuter und Gewürze ... hier geht garantiert keiner raus ohne irgendetwas in der Hand, das zumindest in die Radltasche passt.

Stichwort Radl: Während sich die Wasserwanderer auf der Traun nur selten zeigen, sind ihre Ufer für die Radler ein großartiges Revier, und zwar an allen drei Flüssen! Ganz wichtig: Egal ob Tagestour oder nur mal rasch zum Klobenstein, vergessen Sie nie das Badezeug, Traunwasser macht munter!

VON KEHRWÄSSERN UND PRALLWÄNDEN
Die Entenlochklamm der Tiroler Ache

25

Wenn die Rosenheimer oder Chiemgauer Kanuten früher Lust auf eine schnelle Wildwasserfahrt hatten, waren sie gut beraten, ihre Ausweispapiere dabeizuhaben, möglichst wasserdicht eingepackt. Die Entenlochklamm, einer der sportlich und landschaftlich schönsten Canyons in Oberbayern, lag zwar direkt vor der Haustür, leider aber hinter der Grenze nach Tirol. Manche der Zöllner am Grenzübergang bei Schleching machten sich einen Spaß daraus, den wieder einreisenden Paddlern das Ende ihrer spritzigen Tour zu vermiesen: anlegen, aussteigen, Papiere bitte! Das ist seit 1998 zum Glück Vergangenheit.

Die Tiroler in Kössen haben sogar eine offizielle Einsatzstelle für Wassersportler eingerichtet, zu denen auch die Rafter mit ihren breiten Gummiflößen gehören. Ob Paddler oder Rafter, sie alle haben heute ihren ungetrübten Spaß an der knappen Stunde Wildwasser mit seinen Schwällen, Kehrwassern und scharfen Kurven. Die Ansprüche gehen nie über einen Dreier hinaus, das Wasser ist klar und kalt, die einsamen Kiesbänke laden ein zur Rast, und wer dann noch eine Brotzeit dabeihat, fühlt sich schnell wie im Paradies. Bei Hochwasser verwandelt sich die Klamm sehr schnell und sehr gründlich, jetzt fahren nur noch die echten Könner. Es gab auch schon Wasserstände der Kategorie »unbefahrbar«, als Treibholz im Format von ganzen Bäumen selbst die hoch angebrachte Hängebrücke am Klobenstein unbegehbar machte.

Doch die Chiemgauer lieben ihre wilde Ache, an ihren Ufern fühlen sie sich gerne wie in den Rocky Mountains. Ab Marquartstein ist sie allerdings reguliert und als Wildfluss kaum noch zu erkennen. Dafür lässt sich auf den Dämmen wunderbar radeln, wobei sich immer wieder abseits des Verkehrs herrliche Badeplätze finden, an denen auch im Hochsommer das Wasser garantiert nie zu warm ist.

ENTSPANNUNG ÜBER DEN TAG HINAUS
Die Schoßrinn im Priental   (26)

Wir sehen ihn nur richtig mit dem Kopf im Nacken; von ganz weit oben, quasi aus dem Nichts schwebt der schmale Wasserfall herab, wie ein leicht pulsierender Schleier, um ihn herum feuchte Kühle, grün gefiltertes Sonnenlicht, dazu ein Rauschen, das sanft narkotisiert. Solche Szenerien kennen wir sonst nur aus Tolkiens Mittelerde, und wenn sich dann noch ein Regenbogen spannt, ruft hier der langhaarige Druide mit ausgebreiteten Armen die Götter an, neben sich das weiße Einhorn.

Ganz ohne Fantasy jetzt ... die Schoßrinn ist bei Chiemgau-Kennern zwar kein wirklicher Geheimtipp mehr, aber eben auch noch kein Rummelplatz. Etwas abseits in der Mitte des Prientals liegt der Wasserfall, und man erreicht ihn nur als Wanderer. Mountainbiker stellen zum Glück ihre Geräte vor den letzten 50 Metern ab.

Zum seltsamen Namen gibt es die verschiedensten Deutungen: ein Wasserfall, der erst herunter*schießt* und dann davon*rinnt*, aus seiner Naturgumpe hinaus ins Freie, was recht bodenständig klingt. Esoterisch Veranlagte bringen schon mal den Schoß ins Spiel, als Symbol ständig spendenden Gebärens. Wie auch immer, viele nutzen diesen Kraftplatz gerne als Ort der Entspannung, die über den Tag hinaus halten soll.

Die fast senkrechte, bewachsene Felswand hat nichts Bedrohliches, sondern eher eine beruhigende Ausstrahlung. Kinder lieben den Platz, sie turnen auf den glatt geschliffenen Felsen um die grüne Gumpe herum, die von Wanderern gerne als Einladung für ihre müden Füße angenommen wird. Wer nicht auf dem Prientalweg von Aschau nach Sachrang unterwegs ist, fährt auf der Staatsstraße 2093 bis zum ersten Wanderparkplatz links und geht über die Prienbrücke Richtung Bergwald, wo uns das klare Wasser als Schoßbach schon entgegenkommt. Am schönsten ist ein Besuch im Mai, bei Schmelzwasser und blühenden Wiesen.

DAS BAYERISCHE MEER VERSCHWINDET
Das Achendelta 27

Der Chiemsee hatte einst zwei Nachbarn, den Rosenheimer See und den Salzachsee. Alle drei bedeckten am Ende der letzten Eiszeit große Flächen des Chiemgaus. Doch während die beiden anderen verlandet und verschwunden sind, gibt es den Chiemsee noch, wenn auch nur in halber Größe, und das hat seinen Grund. Die Tiroler Ache, der Hauptzufluss aus den Kitzbüheler Alpen, war im Lauf der Jahrtausende immer mal wieder blockiert, zum Beispiel an der Engstelle beim Klobenstein in der Entenlochklamm. Es gab also gelegentlich Pausen beim Verlanden des Chiemsees, doch der Prozess läuft weiter. Vielleicht ist er ja auch schon beschleunigt worden ... die Engstelle wurde 1912 durch eine Sprengung von fünf auf 14 Meter verbreitert, was die Kanuten heute natürlich freut. Außerdem hat die Flussregulierung unterhalb von Marquartstein die Fließgeschwindigkeit erhöht, weshalb Fachleute sagen, dass in rund 10.000 Jahren auch der Chiemsee verschwunden sein wird. Beobachten lässt sich der Vorgang unmittelbar am Mündungsdelta der Ache zwischen Grabenstätt und Übersee. Wobei dieses Beobachten eigentlich nur aus der Luft geht, denn das Gebiet mit seinen naturbelassenen Flussarmen und Auwäldern wird auf dem See durch Markierungsbojen und an Land durch eindeutige Schilder streng geschützt. Als besterhaltenes Binnendelta Mitteleuropas wächst es in den See hinaus, jedes Jahr um gute 10.000 Quadratmeter, oder wie Christina sagt, um 1,5 Fußballfelder.

Christina ist unsere freundliche und sachkundige Führerin auf der Barkasse *Birgit*, mit der wir vom Dampfersteg in Feldwies bis dicht an das Delta auf naturkundliche Entdeckungsreise fahren. Die 25 Passagiere sind Einheimische und Gäste, an diesem sonnigen Vormittag im August ist die *Birgit* voll besetzt. Drei Generationen sind an Bord, und alle lauschen neugierig wie Schulkinder den Ausführungen ihrer »Lehrerin«. Es geht dabei um alles, was sich auf und unter der Wasseroberfläche des Bayerischen Meeres getan hat, vieles davon ist den Zuhörern neu und lässt sie staunen: Wechselnde Wasserstände, umkämpfte Fischrechte, die Entstehung der Schifffahrt,

Das Achendelta aus 200 Metern Höhe

eine künstliche Absenkung des Wasserspiegels zum Zweck der Landgewinnung … die Geschichte des Chiemsees ist voll von seltsamen und interessanten Besonderheiten.

Die Sonne ist inzwischen höher gestiegen, Sonnenschirme werden aufgespannt, und es beginnt der aktive Teil der Exkursion. Die Barkasse liegt still und Christina bittet um Mithilfe bei wasserkundlichen Experimenten. Dabei geht es um Tiefe, Temperatur, Farbe, Sichtweite und Qualität. Für alles gibt es Messgeräte, die schnell verteilt sind. Am begehrtesten sind die feinmaschigen Netze, mit denen nach Phyto- und Zooplankton gefischt wird. Danach ziehen in der Becherlupe Wasserfloh, Hüpferling und Rüsselkrebs ihre kleinen Kreise, während Christina viel Interessantes über Planktonwanderung und die Bedeutung der Wasserschichten in den Jahreszeiten erzählt. Wer weiß denn schon, dass zwar die meisten Algen grün, die Blaualge aber rot ist, wenn auch nur während ihrer Blütezeit.

Die Barkasse fährt weiter Richtung Delta, nähert sich vorsichtig der Bojenkette und wird vom schwachen Wind an den Sandbänken und Uferstreifen vorübergetrieben. Für diesen Moment wurden zu Beginn der Fahrt die olivgrünen Profi-Ferngläser verteilt, und nun ist das Staunen groß über die Vielfalt der Vogelwelt. Christina schafft es, dass alle für ein paar Minuten still sind und jedes Geräusch vermeiden ... nur dann ist nämlich der spezielle »Deltasound« zu hören: Da meldet sich ganz deutlich die Stimme der Wildnis, ein fernes Wispern und Klingen von unzähligen Vogelstimmen, unterlegt vom Plätschern kleiner Wellen an der Bordwand; die Zuhörer lauschen fasziniert und andächtig, doch schließlich siegt die Neugierde und sie wollen es genau wissen.

Christina kennt und benennt sie alle, die hier am Ufer im sumpfigen Auwald als Zugvögel Rast machen oder sich für länger niedergelassen haben. Neben den diversen Enten, Tauchern, Gänsen, Reihern, Möwen und Seeschwalben sind das auch Zwergdommel, Brachvogel und Wachtelkönig, die bedroht und selten sind. Ein Passagier möchte wissen, ob es stimmt, dass am Chiemsee Flamingos gesichtet werden, ein anderer will mehr über den umstrittenen »Fischräuber« Kormoran wissen. Er hat gehört, dass die Chiemsee-Fischer nicht gut zu sprechen sind auf den hungrigen schwarzen Vogel, dessen Brutkolonien erst im Herbst auf den laubfreien Bäumen des Deltas wieder gut zu sehen sind. Christina hat Verständnis für die Sorgen der Fischer, wobei sie erwähnt, dass auch die an sich positive Ringkanalisation des Chiemsees aus den 80er-Jahren Einfluss auf den Fischbestand hat. Seitdem haben die Nährstoffe im Wasser abgenommen und die Renken sind deutlich kleiner geworden.

Die drei Stunden auf dem See gehen im angeregten Gespräch zu Ende, den Passagieren hat sich eine neue Sicht auf das Element Wasser eröffnet. Die drei Erstklässler an Bord sind entzückt, als Christina ihnen zum Schluss sowohl Kormoran als auch Kanadagans und Brachvogel in ausgestopfter Lebensgröße im Glaskasten zeigt. Ihr »schönstes Ferienerlebnis« ist schon so gut wie geschrieben.

WASSERSPEICHER UND GRÜNE HÖLLE
Die Kendlmühlfilzen in Grassau

28

In Zeiten, in denen die Bedeutung eines Hochmoores als Wasserspeicher kaum bekannt war, wurde auch in der Kendlmühlfilzen Torf gestochen. Von den Bauern nach alter Tradition, im großen Stil von den Sträflingskolonnen der JVA Bernau. Die Schinderei in der »Grünen Hölle« sollte ihnen Tage an der frischen Luft ohne echte Fluchtmöglichkeit bringen. Richtig industriell wollte dann ein Gartenbau-Unternehmer aus Niederbayern Gewinn machen, mit dem stillen Segen aus München. Als am 14. April 1976 gigantische Fräsmaschinen zwischen Rottau und Grassau alles plattzumachen begannen, wussten die lokalen Behörden von nichts und fielen erst einmal in Schockstarre.

Die Verwüstung war heftig, in kurzer Zeit sah es von den umliegenden Hügeln so aus, als ob in der Filzen Landebahnen für einen Großflughafen entstehen sollten. Die Münchner Ministerialen und ihr Unternehmerfreund hatten jedoch nicht mit dem Widerstandsgeist der Chiemgauer gerechnet. Der Kampf, den Naturschützer und Bürgerinitiativen, lokale Behörden und Interessengruppen, Gutachter und die Politik mit allen Mitteln ausfochten, dauerte viele Jahre.

Der Pachtvertrag des Unternehmers lief 1987 aus, ein positives Gutachten der TU München brachte die Wende und 1992 erfolgte die offizielle Ausweisung als Naturschutzgebiet. Die Chiemgauer hatten gewonnen, doch die Filzen hatte ihr ursprüngliches Gesicht in wenigen Jahren verloren.

Die anschließende Aufgabe der Naturschützer war die professionelle Renaturierung, die bis heute andauert. Die Filzen ist zwar eine andere als vor 40 Jahren, doch wache Wanderer auf den schönen Moorlehrpfaden bemerken die sanfte Rückeroberung durch die Natur. Die offenen Wasserflächen werden in 1.000 Jahren allerdings verschwunden sein.

EIN BADEPLATZ DER WITTELSBACHER?
Die Prien-Gumpen am Herzogsweg

(29)

Bei jedem Hochwasser ... im Priental sind sie zwar selten, aber immer wieder heftig ... bei jedem Hochwasser also bilden sich an scharfen Biegungen mit Prallhängen große Kehrwässer. So nennen Kajakfahrer Wasserkreisel, die sich oft über die ganze Flussbreite erstrecken und auf dem Grund umfangreiche Löcher hinterlassen. An diesen Stellen ist das Wasser oft vier- bis fünfmal tiefer als normalerweise. Diese Vertiefungen haben im Bairischen den schönen Namen »Gumpen« und sind auch im Hochsommer bei niederstem Wasserstand tief genug für ein erfrischendes Bad. Unsere ganz spezielle Gumpe am Herzogsweg ist außerdem dunkelgrün, glasklar und von einer munteren Strömung durchflossen. Die Füße in den Flussgrund gestemmt lassen wir uns von Libellen umschwirren und wähnen uns mitten im Paradies.

Als die Wittelsbacher Herzöge und ihre adelige Verwandtschaft von Schloss Wildenwart nach Aschau wanderten, war ihr Weg durch das Priental noch namenlos. Fraglich ist auch, ob die Gumpe ein herzoglicher Haltepunkt war, aber das Bild einer ländlichen Szene mit vornehmer Picknickgesellschaft kann man sich gerade auf dieser verborgenen Lichtung sehr gut vorstellen. Zur besonnten Kiesbank im Grünen findet man am leichtesten, wenn man nahe der schmalen Brücke für Wanderer flussabwärts auf der linken Seite einem Pfad folgt, der immer mal wieder von wildem Hopfen überwachsen ist, aber zuverlässig (und mit dem Fluss in Hörweite) zum Ziel führt. Wenige kennen den Platz, selbst das allgegenwärtige Springkraut hat erst zaghaft hierher gefunden.

Nach dem Bad nicht gleich wieder loslaufen! Lieber auf der Sandstufe zur Kiesbank Platz nehmen, einfach dem gleichmäßigen Fließen durch Licht und Schatten zuschauen, das bringt auch dem größten Hektiker die wahre Gelassenheit. Wenn Sie Glück haben, fischt gerade ein Eisvogel.

GRÜN UND KALT UND VOLLER KRAFT
Flussfahrt auf dem Wasserburger Inn

30

Breit und stark, kalt und grün und oft sehr unberechenbar, so kannten die Menschen den Inn über viele Jahrhunderte. Sein alpines Tal war schon zur Römerzeit das wichtigste Einfallstor für Handel und Kultur aus dem Mittelmeerraum nach Norden. Viele bedeutende Städte wie Innsbruck oder Hall entstanden an seinen Ufern, in Tirol und im Chiemgau entwickelte sich eine florierende Schifffahrt, die alle möglichen Waren bis nach Wien transportierte. Die Städte haben ihre Bedeutung behalten, die Schifffahrt gibt es nicht mehr, und als Strom ist der Inn heute zu jeder Zeit berechenbar geworden. Seine oft verheerenden Hochwasser gehören zwar der Vergangenheit an, doch das ist nur der Erschließung durch die Innwerke zu verdanken, die allein von Tirol bis Passau 14 große Kraftwerke in den Fluss gesetzt haben, davon fünf im Chiemgau. Der Inn teilt damit das Schicksal fast aller alpinen Flüsse, die mit Wasserkraftwerken gezähmt und zu Stromlieferanten degradiert wurden. Wenn Gottfried Held, Schiffsführer des Ausflugsschiffs *Christine*, an seinem Wasserburger Steg sorgenvoll den Wasserstand beobachtet, weiß er genau, dass gerade jetzt am Wochenende die Tiroler wieder das Wasser zurückhalten, damit sie am Montag den Strombedarf decken können.

Früher haben sich in Wasserburg zwei wichtige Handelsrouten zu Land und zu Wasser gekreuzt, der Wohlstand von damals ist noch heute an den wunderschönen Fassaden der stolzen Patrizierhäuser sichtbar. Wer genau hinschaut, merkt, dass die Wasserburger ihre Altstadt nicht nur lieben, sondern sie mit Leben und Kultur erfüllen. Bei ihnen ist der Tourismus zwar willkommen, aber man hat ihm die Stadt nicht überlassen, was von gesundem Selbstbewusstsein zeugt.

Held, der letzte Schiffsführer auf dem Chiemgauer Inn, hat seine *Christine* vor 25 Jahren auf dem Bodensee entdeckt. Sie wurde in den 50ern in Deggendorf an der Donau gebaut, macht einen grundsoliden Eindruck und hat sogar noch ein richtiges Steuerrad. Gottfried Held hätte eines der modernen Schiffe haben können, die bis 2011 zwischen Kufstein und Nußdorf gefahren sind, sie wurden mit Joystick gelenkt, aber das hat ihnen nichts genützt. Die österreichische Achen-

Wasserburg am Inn

seeschifffahrt hat die Attraktion offenbar überschätzt, die Fahrgäste blieben aus, und der Wasserburger hatte auch keine rechte Lust auf eine Übernahme. Seine brave *Christine* dagegen ist voll ... die Gruppe der Feuerwehrler aus dem österreichischen Innviertel ist begeistert von der Fahrt durch die Innschleife und zum Wasserburger Kraftwerk, Teenager dürfen sogar unter Aufsicht mal das Steuerrad bedienen.

Wer über die Geschichte der früheren Innschifffahrt mehr wissen will, besucht am besten das Inn-Museum in Rosenheim, untergebracht im historischen Bruckbaustadl an der Innlände, direkt neben der Innbrücke nach Schlossberg oder, wenn man will, der Brücke in den Chiemgau. Ein Besucher aus Amsterdam soll es einmal »das schönste Schifffahrtsmuseum Europas« genannt haben, wobei die Holländer von Schiffen ja durchaus etwas verstehen.

»Nahui in Gods Nam!« war der Gruß der Schiffsleut, wenn sie am Morgen ihre Innplätten zur »Naufahrt« in Bewegung setzten, wenn es stromab in zehn Tagen von Hall bis Wien ging. Die mühsamere, aber lukrativere Gegenfahrt, bei der bis zu 40 Zugpferde und Reiter schwer beladene Innplätten stromauf treidelten, war dagegen eine lang dauernde, komplizierte Sache. Ein Schiffszug mit bis zu zehn Plätten und Zillen muss ein lautes und imposantes Spektakel gewesen sein. Es gab eine eigene Kommandosprache und Signale, alle Schiffe hatten eigene Bezeichnungen und Funktionen und mussten eine wohldurchdachte Reihenfolge einhalten. Über viele Hundert Meter voraus legten sich Gespanne ins Zeug, vorweg ritt der Stangenreiter, der mit einer Messlatte den Wasserstand überprüfte, wobei zwischen ihm und dem »Förgen«, dem Schiffsführer, Meldereiter hin- und hereilten. Ein solcher Schiffszug transportierte beachtliche Werte, allein die *Hohenau* als Hauptschiff fasste bis zu 2.000 Zentner. Die Besitzer, Schiffsmeister genannt, waren wohlhabende und angesehene Unternehmer, auch politisch manchmal von Bedeutung, wenn es um Truppen- oder Waffentransporte ging. Für sie zu arbeiten war anstrengend und gefährlich, aber sie zahlten Höchstlöhne!

In Neubeuern, Rosenheim und Wasserburg erinnern Straßennamen wie Weinlände, Salzsenderzeile oder Schopperstätt an die Innschifffahrt. In Neubeuern gibt es seit dem 17. Jahrhundert bis heute eine Schiffleut-Bruderschaft, und wer den pittoresken Marktplatz besucht, sieht am Gasthaus Stangenreiter Malereien mit Szenen aus der Innschifffahrt. In der Schopperstraße am Inn betrieben früher die Schiffsbauer, Schopper genannt, ihr Handwerk, und die Neubeurer Plätten hatten den Ruf besonderer Qualität. Hier hat Michael Schmidl, der letzte Schopper am Inn, noch bis Ende der 70er-Jahre für die Flussbauämter an Inn und Donau kleinere Schiffe nach der alten Art gebaut. Als er 1949 eine Plätte nach Rosenheim überführte, hatte der regulierte Inn gerade Sommerhochwasser. Ein entwurzelter Baum war schuld, dass die Plätte am Pfeiler der Autobahnbrücke zerbrach, sechs Passagiere ertranken, Michael Schmidl kam schwimmend ans Ufer. So etwas passierte früher auf dem wilden Inn häufiger, Votivbilder in den Kirchen zeugen davon.

MÜHLEN, QUELLEN, BRUNNEN, THERMEN

NACHHALTIGKEIT IN FLASCHEN
Die Adelholzener Wasserwelt in Siegsdorf

Man kann sich eigentlich immer gut darauf verlassen. Wo man Quellen entdeckt, haben die Orte etwas Magisches. Wasser ist Leben, insofern sind Quellen ein existenzielles Geschenk der Natur. Als der römische Legionär Primus im 3. Jahrhundert unweit des damals natürlich noch nicht gegründeten Siegsdorf »im Holz von Andlo« ein sprudelndes Nass entdeckte, fand er schnell raus, dass es sich lindernd auf viele Gebrechen auswirkte. Primus selbst starb, kaum zurück in Rom, den Märtyrertod ... wäre er mal im Adelholzener Hügelland geblieben, wo er bis heute unvergessen ist und sein Name die Flaschen des Primus-Quellen-Heilwassers ziert.

Bereits im 17. Jahrhundert, als der Salzhandel einigen Wohlstand in den Chiemgauer Raum, in den Rupertiwinkel, das Berchtesgadener Land und bis nach München und Augsburg brachte, da kurten die Patrizier, die wohlhabenden Handwerker, Großbauern und Kaufleute in dem malerischen Tal von Adelholzen. Heilwasser, das Magen-, Darm- und Hautleiden heilt, dazu frische Bergluft, ein traumhafter Blick, grüne Hügel und Waldesrauschen, das alles hat bis heute seine Wirkung nicht verloren. Und gelangt dank der Kongregationsgemeinschaft der Barmherzigen Schwestern vom heiligen Vinzenz von Paul, die ursprünglich aus München hierherkamen, erfolgreich in die Welt. Doch der Reihe nach.

Wenn man vom Besucherparkplatz der Adelholzener Wasserwelt hochspaziert zu dem wuchtigen hellblauen Jugendstilhaus, das von Barmherzigen Schwestern bewohnt wird, schleicht sich ein seliges Gefühl ein. Wie weggeblasen scheinen alle Sorgen, alles Lärmen, angesichts des Klostergartens, der sorgsam gepflegten, aber naturbelassenen Parkanlagen, in denen sich jedermann ergehen kann. Auf Höhe des Kongregationshauses hat man freien Blick auf die Wallfahrtskirche Maria Eck, und selbst den ungläubigsten Menschen befällt eine Demut vor dieser Schönheit. Inmitten des klösterlichen Parks sprudelt die Quelle, Tag und Nacht. Wer mag, kann mitgebrachte Flaschen mit Heilwasser füllen, ganz umsonst. Das Wasser soll den Menschen dienen. Das ist im Sinne von Primus und seinen

Mit herrlichem Blick ins Tal und auf die Wasserwelt liegt das Klostergebäude Adelholzen am Hang.

heutigen Quellenhüterinnen. 1907 haben die Schwestern das damals insolvente Kurbad Adelholzen erworben und führten sogleich die manuelle Abfüllung des Heilwassers weiter, die 60 Jahre zuvor begonnen worden war. Die Produktion professionalisierte sich unter ordensschwesterlicher Führung. Heute ist die Adelholzener Alpenquellen GmbH der größte bayerische Mineralbrunnen. Sämtliche Gewinne werden, abzüglich Modernisierungsmaßnahmen für die Abfüllanlage, gemeinnützigen und sozialen Zwecken zugeführt.

Das bringt uns zu dem Geschäft mit dem Wasser und dazu, wie es in die Flaschen hineinkommt. In der Adelholzener Wasserwelt kann man den Abfüllern sozusagen über die Schulter gucken, auch wenn das heute komplett automatisch geht. Gleich unterhalb des Schwesternwohnheims schmiegt sich eine weit gedehnte Fabrikanlage in die Hügelfalten. Die Dächer sind begrünt und aus allen Ecken steigt Dampf auf. Der Besucherbereich (Öffnungszeiten bitte dem Internet entnehmen) verströmt einen ähnlichen Frieden wie der Park mit der Quelle. Freundlich wird man in Empfang genommen, bekommt eine kurze Einführung und darf dann auf Sichtwegen die

Produktion von oben begleiten. Auch das ist umsonst. Genauso wie die Verkostung von allem, was Adelholzen inzwischen vertreibt. Die Produktpalette ist so bunt wie die Deckel der Flaschen, denen man von den Glasgalerien aus dabei zuschauen kann, wie sie in einer drolligen Choreografie gesäubert und neu befüllt werden. Im Museumsteil der Wasserwelt versteht man dann, warum das durch kalkige Gesteinsschichten gefilterte Wasser, das hier an die Oberfläche tritt, so gesund ist. Kalzium, Magnesium, Mineralien aller Art, Salzarmut und eine Sauberkeit, die in der besonderen geologischen Geschichte dieser Gegend begründet liegt, machen's möglich. Hier, wo vor Millionen Jahren ein Meer war, haben Muscheln, Krustentiere und andres urzeitliches Getier einen ganz besonderen Kalkboden gebildet. Gespickt mit so manchem Haifischzahn.

Es ist ein zeitlich überschaubarer, aber umso eindrücklicherer Besuch in der Adelholzener Wasserwelt. Von Ingenieurskunst bis Geologie, von Barmherzigkeit bis Nachhaltigkeit ... die Palette der Themen, die in Bad Adelholzen angeschnitten werden, ist breit. Die PET-Flaschen, die man hier verwendet, werden immer wieder neu befüllt und irgendwann zu frischen Flaschen recycelt. Das Unternehmen ist dank der wirtschaftlich aufgeschlossenen Ordensfrauen profitabel und kann mit den Erlösen Gutes tun. Es gibt wenige Stellen, an denen Wasser so ganzheitlich betrachtet werden kann wie in Bad Adelholzen. Eigentlich würde man nichts lieber tun, als sich ins Ordenshaus einzuquartieren und hier zu kuren. Aber ein Ausflug ist auch schon sehr heilsam, für die Innereien und die Seele.

WASSERKRAFT ALS LEBENSADER
Der Nußdorfer Mühlbach

32

Erst als Anfang des 20. Jahrhunderts »das Elektrische« nach Bayern kam, verlor der Mühlbach in Nußdorf am Inn allmählich seine Bedeutung als Energiequelle. Aber seinen Nutzen für den 1.230 Jahre alten Ort haben die Nußdorfer bis heute im Sinn, auch wenn von den ehemals 15 Mühlen nur noch wenige aktiv sind. Aus dem uralten Gemeinschaftswerk Mühlbach haben sie ein lebendiges und sehenswertes Kulturdenkmal gemacht.

Beim Gang über den neu angelegten Mühlenweg erzählt die Heimatpflegerin Michaela die Geschichte der vielen Mühlen mitten im Ort, aufgereiht am künstlich angelegten Mühlbach, die mit insgesamt 29 Wasserrädern eine erstaunliche Gewerbe-Vielfalt möglich machten: drei Getreidemühlen, zwei Ölmühlen, zwei Gipsmühlen, allein fünf Sägewerke, zwei Dreschtennen, zwei Schmieden, eine Gerberei. Der Untermüller hatte sogar Getreidemühle, Ölmühle und Sägewerk zugleich. Und ihm, dem Wolfgang Adamer, ist auch eines der ersten E-Werke in Bayern zuzurechnen ... der überschüssigen Kapazität seiner Wasserräder verdankten die Nußdorfer bereits 1894 ihre elektrische Beleuchtung.

Die Pflege und Erhaltung der Mühlbach-Anlage begreifen die Nußdorfer bis heute als Gemeinschaftsaufgabe. Während andere durch Mühlen geprägte Standorte ihre Vergangenheit eingeebnet haben, ist hier in einmaliger Weise alles sichtbar geblieben und nötigt den Besuchern viel Respekt ab, angesichts des technischen Verstandes früherer Jahrhunderte. Zur Beruhigung: Der Bach fließt zwar offen und schnell als schmaler Kanal durch den Ort, doch den Nußdorfern wird die Vorsicht schon im Kindesalter beigebracht. Der letzte, glimpfliche, Unfall ist über 40 Jahre her, heute haben nur die Gänse vom Schneiderwirt hin und wieder Probleme.

KATHEDRALE FÜR DEN WEISSEN SCHATZ
Die Alte Saline in Bad Reichenhall

33

Seit 150 Jahren drehen sich die filigranen und doch gigantischen Wasserräder der Alten Saline in Bad Reichenhall. Man muss die Saline gar nicht betreten, um den steten Sound der unermüdlichen Industrieleistung zu hören. Heute ist die Alte Saline mit ihrem neogotischen Gepräge eine museale Attraktion, das Gebrauchssalz wird längst mit über 200.000 Tonnen pro Jahr in der Neuen Saline gefördert. Doch was ist das für eine seltsame Mischung aus Industrie und Bad, die Reichenhall zu einem der ersten feudalen Kurbäder der Welt machte?

Das Salz, das in Flözen, Schichten, Stollen tief unten im Bad Reichenhall nahen Lattengebirge ruht, ist einem geologischen »Origami« zu verdanken. Vor rund 250 Millionen Jahren verlandete durch Aufschichtung, Verfältelung und Ineinanderschiebung der Alpen hier das Urmeer, das den ganzen Raum vom Chiemsee bis zu den Alpen bedeckte. Es blieb das Meersalz. Die Alpen türmten sich über dem eingeschlossenen weißen Gold auf. Wie lange die Menschen von dem begehrten Schatz wissen, ist nicht klar. Funde aus der Bronzezeit, also aus der Zeit um 2000 v. Chr., belegen, dass hier damals schon gesiedelt und auch durchaus mit Wasser gekocht wurde, das Salz enthielt. Die Fundstücke stammen alle aus der Nähe salzhaltiger Quellen. Richtig los mit dem Förderbetrieb ging es später. Um 700 schenkte Bayernherzog Theodo II. dem Bischof Rupertus in Salzburg rund 20 Pfannstädel, also Sudwannen, und ein Drittel der Quellschüttungen. Damit begann ein rund 700-jähriges, oft blutiges Gerangel um die wertvolle Gabe der Natur zwischen Salzburg und Bayern. Kirchliche und weltliche Herren waren Besitzer der durch die Streitereien geschwächten Industrie. Bis im 16. Jahrhundert Reichenhall endgültig an Bayern zurückfiel. Herzog Albrecht IV. von München ließ die marode Anlage sanieren. Ungeheure Holzlieferungen waren nötig, um die Sudkessel zu betreiben. Im 17. und 19. Jahrhundert wurden Soleleitungen nach Traunstein, Rosenheim und Berchtesgaden gelegt, um die Produktionsstätten aufzuteilen. Zahlreiche Brände zerstörten Reichenhall bis zum 19. Jahrhundert fast vollständig. Schließlich wurde die Alte Saline errichtet, über den vorhergehenden Förderanlagen. Rund-

696 soll St. Rupertus die Reichenhaller Solequelle entdeckt haben. Der Brunnen vor der Alten Saline ist ihm geweiht.

herum entstand der Reichenhaller Kurbetrieb mit seiner rustikalen Fin-de-Siècle-Schönheit.

Heute ist die Alte Saline ein Industriemuseum, in dem einen die Ehrfurcht ergreift. Nicht nur vor den ewig sich drehenden, dauerplätschernden Wasserrädern, sondern auch vor den kathedralenartigen, tief in der Erde liegenden Stollensystemen, den Antriebsrädern unter Tage und vor allem der Salzgrotte. Das alles stammt in heutiger Ausformung von dem Münchner Multitalent Erasmus Grasser, den man 1507 verzweifelt bat, Schönheit und Technik zusammenzubringen, als die Soleleitungen drohten zu verwässern. Er schuf Untertagearchitektur aus Marmor und verpasste dem Kettelkübelwerk ein Konstrukt aus Bronzeröhren. Diese Detailschönheit versetzt heute noch in Staunen und macht einen Besuch im Salinenmuseum zu einem Erlebnis für die ganze Familie. Wer dann noch einen Abstecher ins Salzbergwerk in Berchtesgaden dranhängt, hat von den unterirdischen Prozessen viel verstanden.

Aus der Alten Saline führen manche Quellen 23-prozentige Sole, die kommt zur Verarbeitung in die Neue Saline, wo Streu- und Speisesalz daraus raffiniert wird. Schwächere Lösungen gehen in den Kurpark, wo im Gradierwerk gesunder Sprühnebel daraus wird, und viel schwächeres Gemisch fließt den Kur- und Freizeitbädern zu, etwa der *Rupertus Therme*. Ein komplexer Bau, in dem man vom Familienbaden bis hin zu ausgeklügelten Therapieanwendungen alles geboten bekommt. Wem das zu viel Salz auf der Haut ist, der setzt sich im Vorgarten der Alten Saline einfach auf einen der sehr modernen, tiefgelegten Rattansessel und genießt Eis und Kuchen. Bei kälterem Wetter geht das in der mondän gestalteten Bar, die heute in dem ehemaligen Sudhaus der Saline untergebracht ist.

Bad Reichenhall, das nach seiner Kurblütezeit rund um das Luxusetablissement Hotel Axelmannstein ein wenig in der Versenkung zu verschwinden drohte, hat durch aufwendige Modernisierungsarbeit ein fein gewirktes Städtebild, das man sich gerne ansieht. Mit der teils italienisch-, dann wieder salzburgisch-barocken Architektur wurde sorgsam umgegangen. Und mit dem sicheren Gefühl, dass das schier unendliche Salzvorkommen immer für gute Luft und warmen Geldregen sorgt, ist ein Besuch der Alten Saline und der umgebenden Örtlichkeiten eigentlich schon eine Kuranwendung.

Aus Reichenhall, jenem in mehrere große Abschnitte zerteilten Ort in der Beuge der Saalachschleife, umrahmt von Untersberg, Hochstaufen, Reiteralm und Predigtstuhl, fährt man mit einem leichten Salzgeschmack auf den Lippen und mit der Ruhe von 250 Millionen Jahren wieder weg. Leider meist direkt in den Stau der Autobahn, weshalb man vielleicht am besten einfach noch ein Weilchen dableibt.

EISPICKEL FÜR DEN HIMALAJA
Die Glockenschmiede in Ruhpolding

(34)

Dieser Bach hat nur eine Aufgabe: möglichst viel Wasser zu sammeln. Und das tut er mit Fleiß, relativ stetig und zuverlässig. Der Thoraubach entspringt nahe dem Weißgrabenkopf in 1.500 Metern Höhe südlich vom Hochfelln-Gipfel, durchfließt die Thoraualm und sammelt auf dem sechs Kilometer langen Weg zu seinem Bestimmungsort ein knappes Dutzend Nebenbäche ein, bis er südwestlich von Ruhpolding in die Urschlauer Ache mündet. Knapp 800 Höhenmeter ist er bis dahin frei und munter zu Tal gerauscht, in zwei großen Schleifen zwischen Reitstein, Pöschinger Wand und Haßlberg. Er ist ein gern gesehener Begleiter der Wanderer, die ihn auf dem Weg zur Thoraualm mal links, mal rechts an ihrer Seite haben. Doch kurz vor der Mündung ist Schluss mit der Freiheit, hier wartet eine ernsthafte Aufgabe auf ihn, der er seit rund 300 Jahren nachkommt: Er sammelt seine Kraft und lädt sie ab am imposanten Wasserrad einer historischen Hammerschmiede, in Ruhpolding bekannt als die Glockenschmiede.

Tyrena Ullrich, Tochter des letzten Hammerschmiede-Meisters, weiß alles bis aufs letzte Detail über dieses Technikdenkmal im abgelegenen Tal. Bis in die 50er-Jahre hat ihr Vater hier noch die Esse befeuert, früher hat er Kuhglocken und alle denkbaren Gerätschaften für die Bauern hergestellt, in den letzten Jahren auch Eispickel, die sich sogar im Himalaja bewährt haben. Zum Glück kam früh genug vor einer denkbaren modernen Nutzung der Denkmalschutz, und so ist die Glockenschmiede zum weithin bekannten Museum geworden. Authentisch wie kaum ein anderes und unter einer engagierten und kompetenten Leitung. Die alte Antriebstechnik wird regelmäßig vorgeführt, dann dreht sich das große Rad und die drei schweren Schmiedehämmer zeigen, was das heißt: Wasserkraft.

JAHRZEHNTE NUR VON WASSER GELEBT?
Das Frasdorfer Wasser

Mitte des 19. Jahrhunderts lebte in Frasdorf das »Furtner Mädei«, Marie Furtner mit bürgerlichem Namen. Sie wurde groß auf dem Waizenreiter Hof, am Südhang über dem Ort gelegen, von dem heute nur noch eine Ruine zu sehen ist. Marie erkrankte in jungen Jahren an den Schwarzen Blattern, überstand die Krankheit, lehnte aber von da an jede feste Nahrung ab und lebte nur noch vom Wasser einer bestimmten Quelle und geweihten Hostien, denn sie war recht fromm. Dieses »Wunder« sprach sich herum bis nach München. Ärzte stellten die junge Frau streng und unter Isolation auf die Probe, konnten aber keine Erklärung finden. Die Furtner Marie soll bis zu ihrem Tod 1884 bei ihrer kargen Nahrung geblieben sein. Als »Wassertrinkerin von Frasdorf« wurde sie legendär, viel wurde über sie geschrieben, und auch das Frasdorfer Wasser gelangte zu Ruhm. Nicht unbedingt als Heilwasser, aber Gourmetköche aus der Umgebung versorgen sich gerne damit, und der Autor kann bestätigen, dass Kaffee aus Frasdorfer Wasser alles übertrifft.

Der Berghang südlich von Frasdorf, über den heute eine Straße zum Sagberg führt, ist reich an Quellen, und alle haben eine sehr hohe Wasserqualität. Marie Furtner hat sich bei ihrem täglichen Kirchgang aber aus einer bestimmten Quelle am Fuß des Hanges bedient, wo sich heute jedermann gegen geringes Entgelt versorgen kann. Die »Schulhausquelle« ist auch Teil der allgemeinen Frasdorfer Wasserversorgung, doch die scheint gefährdet. Ein Edelwasser-Produzent aus dem Landkreis will im Quellgebiet bohren und bei Erfolg den Ruf des Frasdorfer Wassers vermarkten.

Erfolg hatten inzwischen die Frommen: In der Nähe der Hofruine entstand eine aufwendige Mariengrotte, in der seit 1990 die geweihte »Rupertus-Quelle« sprudelt, die immer mehr Verehrer der Furtner Marie anzieht. An der Schulhausquelle spricht man in dem Zusammenhang skeptisch von »Oberflächenwasser«.

GÖTTER, NYMPHEN UND TRITONEN
Die Wasserspiele auf Herrenchiemsee

36

Wenn er schon nicht zeitgleich mit dem Sonnenkönig leben durfte, dann wollte Ludwig II. von Bayern wenigstens dessen Prunkschloss Versailles nach Süddeutschland verpflanzen. Das Vorhaben zu Ehren seines großen Vorbildes hat er nicht vollendet, Schloss Herrenchiemsee blieb ein Torso, wenn auch ein weltberühmter. Fast fertig wurden dagegen die Gartenanlage und die aufwendigen Wasserspiele, ebenfalls eine barocke Reminiszenz an Ludwig XIV.

Des bayerischen Ludwigs Hofgärtendirektor Carl von Effner plante die Anlage, ab 1882 begannen die Arbeiten, und zwischen 1883 und 1885 entstanden der Fama-, der Fortuna- und der Latona-Brunnen sowie die dazugehörigen kleineren Fontänen. Alles angeordnet in mehreren Stufen auf einer imposanten Sichtachse Richtung Westen, an deren Ende über dem *Grand Canal* der Chiemsee zu sehen ist. Ursprünglich sollte ein Apollobrunnen den Fontänenprunk abschließen, aber auch ohne ihn sind die beiden großen, mythologisch übervollen Bassins auf dem *Parterre d'eau*, die anschließenden Blumenrabatten und der Latona-Brunnen in ihrer Mitte eine rauschende Augenweide.

Und damit es in starken Strahlen, sanften Bögen und auch mal richtig steil himmelwärts rauscht und sprüht, hat man seinerzeit technisch versierte Installateure aus dem Schwäbischen geholt. Die Firma GWS in Stuttgart gibt es heute noch, ihr Pumpwerk und ihre Rohrleitungen waren viele Jahre unverwüstlich. Die in den 30ern anstehende und kriegsbedingt verschobene Sanierung hat der »Hoflieferant« 1994 vollendet. Seitdem rauscht das Chiemseewasser zu Ehren der beiden Ludwigs und zur Freude des bürgerlich staunenden Publikums aus aller Welt in den Sommermonaten dreimal pro Stunde über unzählige Figuren königlicher Traumwelten. Viele Chiemgauer warten auf den ruhigen Oktober, aber einmal im Jahr ist der Besuch ihres Spritzbrunnens Pflicht.

ZIEL-VORSCHLAG: GASTHAUS ZUR KUGELMÜHLE /// KUGELMÜHLWEG 18 /// 83487 MARKTSCHELLENBERG /// 0 86 50 / 4 61 ///

ÜBER 320 STUFEN DURCH DIE UNTERWELT
Almbachklamm und Kugelmühle

Es ist diese Mischung aus Nervenkitzel und Sicherheit: Unter und neben uns rauschen und tosen die Wassermassen, die Luft ist feucht und kalt, der schmale Weg durch die felsige Unterwelt ist rutschig, doch Geländer und Brücken machen zum Glück einen stabilen Eindruck. Für diese Art von Erlebnis mit Herzklopfen sind Touristen schon immer von weither angereist, so auch zur Almbachklamm bei Marktschellenberg. Die bietet als zusätzliche Faszination eine lange und besondere Geschichte. Schon vor 180 Jahren wurden die ersten 500 Meter der Schlucht vom Königlich Bayerischen Forstamt mit Wegen, Stegen und Brücken erschlossen, wobei der Zweck der Unternehmung schlicht dem Transport von Holzstämmen diente, genauer gesagt von Brennholz als begehrtem Rohstoff für die Reichenhaller Saline.

Wenn 200 Höhenmeter über dem Ende des Almbachs das Stauwerk der Theresienklause geöffnet wurde, setzten sich rund 15.000 Kubikmeter Wasser in Bewegung und rissen die vorher in der Klamm gelagerten Stämme mit. Mit ihrer Länge von immerhin 4,5 Metern haben sich diese an den vielen Engstellen oft verkeilt, solche »Verklausungen« konnten nur mit Muskelkraft wieder in Bewegung gebracht werden. Um den Triftweg frei zu halten, riskierten die Holzknechte oft Leib und Leben bei ihrer mühsamen und gefährlichen Arbeit. Am Fuß der Klamm sehen wir im Almbach noch die Überbleibsel eines großen Rechens, an dem früher die Stämme aufgefangen und anschließend auf einem weitläufigen Gelände gestapelt wurden. Heute befindet sich hier ein Großparkplatz, dessen Ausdehnung uns klarmacht, welche Bedeutung die Holzwirtschaft im Berchtesgadener Land einmal gehabt hat. Gelegentliche Holztrift soll noch bis in die 60er-Jahre stattgefunden haben.

Über 100 Jahre wurde bis heute immer wieder intensiv an der Erschließung der Klamm gearbeitet, wobei eine Aktion besonders ins Auge sticht: 1894, zu Kaisers Zeiten, als nationale und damit auch bayerische Großtaten Konjunktur hatten, wurden vom 1. Ingolstädter Pionierbataillon 250 Mann ins Gebirge abkommandiert, um

Wasserkraft im Kleinformat für die Kugelmühle

die Almbachklamm in ihrer ganzen Länge begehbar zu machen. Mit Unterstützung des Berchtesgadener Verschönerungsvereins und der örtlichen Sektion des Alpenvereins gelang das in nur vier Wochen. Und das bei fast drei Kilometern Wegstrecke und einem Höhenunterschied von 220 Metern. Der Tunnel sowie die meisten Stufen und Nischenwege stammen noch aus dieser Zeit.

Nur ein paar Schritte vom Eingang zur Klamm steht das Gasthaus zur Kugelmühle, das schon auf den ersten Blick viel Tradition ausstrahlt, zudem einen schattigen Biergarten und eine besondere Attraktion bietet: die letzte der ursprünglich rund 90 Kugelmühlen, die im Tal der Berchtesgadener Ache und an ihren Nebenbächen betrieben wurden. Sie produzierten noch bis Anfang des 20. Jahrhunderts Schusser, Murmeln oder Klicker, das einst so beliebte Spielzeug ganzer Generationen. Per Wasserkraft und mithilfe einer simplen, aber effektiven Technik entstand hier aus dem Untersberger Marmor eine begehrte Handelsware, die über Rotterdam und London bis nach Ost- und Westindien exportiert wurde. Auf den Segelschiffen dieser Zeit waren die Kugeln auch als Ballast eine sehr beliebte Fracht, ihr

Gewicht war hoch und der Platzbedarf gering. In guten Jahren sollen bis zu 1.000 Zentner verschifft worden sein, wobei ein Zentner rund 10.000 Kugeln bedeutete.

Heute gibt es sie in vielen Größen, Farben und Schattierungen am Eingang der Klamm zu kaufen, und wenn der Wasserstand gerade passt, geht die letzte Kugelmühle noch mal für Gäste und Touristen in Betrieb. Der Friedl mit dem schönen Familiennamen Anfang öffnet den Wasserschieber, die hölzernen Rinnen füllen sich und die waagerechten Wasserräder beginnen heftig zu rotieren. Am Anfang werden grob behauene Rohlinge in die Rillen von runden Steinplatten gelegt und durch die sich drehenden Holzscheiben so lange bewegt und geschliffen, bis am Ende Kugeln entstehen. Wem es nicht pressiert, der ahnt beim Zuschauen irgendwann, wie lange man früher zu warten bereit war, bis etwas rund wurde.

Als die Ingolstädter Pioniere mit ihrem knappen Zeitplan nach getaner Arbeit abzogen, war die Klamm zwar für Touristen und Wanderer begehbar geworden, doch haben Hochwasser den Weg und seine hölzernen Stege und Brücken immer wieder zerstört, zuletzt im Juni 1998. Heute ist er auf einer Distanz von knapp drei Kilometern mit über 320 Stufen, 29 Brücken und Stegen aus verzinktem Stahl, mit vielen Nischen und einem Tunnel eine zwar immer noch atemberaubende, aber sehr sichere Sache. Es kann jedoch sein, dass die Klamm nach Unwettern geschlossen ist. Im Winter ist sie oft vereist und hat deshalb von Oktober bis April Pause. Was die angegebene Gehzeit von zwei Stunden etwas dehnen kann, sind die Staus an besonders spektakulären Wasserfällen, die natürlich jeder als Foto mitnehmen will. Der Endpunkt des Weges durch die Klamm ist die Theresienklause, hinter deren Mauer früher das Wasser für die Holztrift aufgestaut werden konnte. Wer jetzt genug hat vom Klammgetöse und Wasserstaub, kann für seinen Rückweg verschiedene trockene Varianten wählen. Schön, wenn auch steil, ist der Rundweg ab Steg 17 über Ettenberg, wo die Terrasse des Mesnerwirts wartet. Der Weg über den Hammerstiel führt dann direkt zurück zur Kugelmühle.

STATT ERDÖL KAM KOCHENDES WASSER

Die Chiemgau Thermen Bad Endorf

Der Freistaat Bayern bohrte 1963 versuchsweise nach geologischen Energieträgern, nördlich vom Simssee war er damit erfolgreich, allerdings auf verblüffende Weise: Eine der stärksten Jod-Thermalquellen Europas kam aus knapp 5.000 Metern Tiefe zutage, mit einer Temperatur von 115 Grad Celsius und einem gewaltigen Druck von über 800 Bar. Heilwasser, eindeutig! Ein Jodbadeverein bekam die Zulassung für ein Versuchsbad mit ein paar Wannen, die Jod-Thermalbad-Endorf-AG wurde gegründet, die für Kurmittelhaus und Kurklinik sorgte, dann kam die Anerkennung als Heilquelle, und 1987 wird der Markt Endorf zum Bad Endorf.

Eine Gemeinde im Glück. Aber wie so oft, wenn plötzlich das große Geld im Spiel ist, wird es kompliziert. Man kennt das ja aus dem Bauerntheater. Doch die Wogen sind inzwischen geglättet und Bad Endorf kann wieder stolz und mit Recht für seine *Chiemgau Thermen* werben. Seitdem die Freibadeanlage 1988 mit Sauna eröffnete, wurde sie ständig erweitert und optimiert, sogar eine zweite Tiefenquelle wurde erschlossen. Heute ist die Therme mit allem ausgestattet, was man erwartet, und wird dabei zum Glück niemals überdimensioniert sein!

Die Endorfer hatten nämlich das richtige Gespür für die einzigartige Lage des Standortes. Wenn die Römer, die historisch verbürgten Thermenerfinder, damals von dem Schatz in der Tiefe hätten profitieren können, dann hätten sie sich genau hier in der friedlichen Provinz Noricum eine ihrer wohl schönsten Thermen gebaut. Völlig entspannt hätten sie im 35 Grad warmen Wasser gelegen, hätten den grünen Hang hinunter auf das Südende des Simssees geschaut, in der Ferne Hochries und Wendelstein gegrüßt und sich dem Anblick des Sonnenuntergangs hingegeben. Der Unfrieden jenseits des Inns, also drüben im wilden Raetien, hätte sie nicht weiter gekümmert.

MENSCHEN, SCHIFFE, WEHRE, BRÜCKEN

WO DAS SALZ UM DIE ECKE FUHR
Die Salzachbrücke in Laufen

Eine Brücke ist das schönste Symbol für eine Verbindung, vor allem wenn der Fluss, über den das Ingenieursgespann gehen soll, ein Grenzfluss ist wie die Salzach, die auf 59 Kilometern Österreich von Bayern trennt. Das macht der Fluss, der seinen Namen aufgrund seiner über 2.000 Jahre währenden Funktion als Salztransportweg bekam, von Hohentauern bis hinauf nach Burghausen und Braunau, wo er in den Inn mündet. Bei Laufen ist die Salzach schon ein prächtiger Fluss, der viel Schmelzwasser aus den Alpen bringt. Überschwemmungen sind vorprogrammiert. So schlugen sich das bayerische Laufen und das österreichische Oberndorf von zwei Seiten mit der Unberechenbarkeit des Wassers herum. Jede Gemeinde baute ihre eigene Brücke, obwohl sie sich quasi gegenüberlagen, aber eben nur quasi. Laufen lag 600 Meter flussabwärts und hatte den idealeren Platz für eine Brücke. Als sich beide Staaten endlich 1901 zu einem gemeinsamen Brückenprojekt durchrangen, wurde das historische Oberndorf unbedeutend, denn die Stadt erfand sich neu, wo die neue Brücke war. Beim Bau musste darauf geachtet werden, dass die Treidelpfade, jene Uferwege auf Laufener Seite, auf denen die Schiffe von Mensch und Tier flussaufwärts gezogen wurden, ungehindert passierbar bleiben. Heute sind diese historischen Arbeitswege längst eine freizeitliche Uferlandschaft in einer Stadt, die ihre Entwicklung und ihren Namen dem Fluss zu verdanken hat.

»Loufa« ist die althochdeutsche Bezeichnung für Stromschnelle. Als Kaiser Ludwig der Bayer im 13. Jahrhundert anordnete, dass das Salz aus Hallein nur mehr über die Salzach zu transportieren sei, begann der Aufstieg des heute 1.200 Jahre alten Laufen, das schon von den Römern besiedelt wurde. Das keltische Noricum, zu dem Salzburg und eben Laufen gehörten, wurde von Kaiser Claudius friedlich als Provinz geführt und gehörte bis 488 zum Römischen Reich. Bis ins Mittelalter stand auf dem Salzachknie, auf dem Laufen erbaut wurde, ein römisches Kastell.

Ein Fels brachte zusätzlich Einkünfte für das Flussstädtchen. Denn am stadtnahen Nocken, einem unumschiffbaren Felsbrocken

Wo früher Boote gezogen wurden, ist heute ein Freizeitgelände entlang der Salzach.

im Fluss, musste von kleinen Schiffen auf größere umgepackt werden. Zölle und Bewirtungen brachten Einkünfte. Wohlstand aber kam über die Fertiger, jene Laufener Bürger, die seit dem 13. Jahrhundert die Transportschiffe stellen durften. Dieses Patrizierbürgertum, das im 16. Jahrhundert seine volle Blüte entfaltete, machte aus den prächtigen Geschäften keinen Hehl. Das alles kann man bei einem Stadtrundgang noch sehen, den wir selbstverständlich an der Salzach beginnen. Von der Salzachbrücke auf Laufener Seite gehen wir über den Marktplatz und biegen rechts ein in die Rottmayerstraße, der wir bis auf Höhe Stadtberg folgen. Zwischen einem knallblauen Haus aus dem 15. Jahrhundert und einer weißen Fassade stecken ein handtuchbreites Haus und eine Pforte, der offizielle Durchgang zum Salzachufer zwischen 6:00 und 22:00 Uhr. Schon weil's so kurios ist, nehmen wir diesen Einstieg in den Uferbereich, statt an der Länderbrücke, wie die Salzachbrücke offiziell heißt, hinunterzustiefeln. Nach einem schmalen Gang zwischen mittelalterlichem Gemäuer und einem weiteren Törchen öffnet sich ein fußballplatzbreiter Uferstreifen, den wir flussabwärts entlanggehen. Man mag sich das Treiben im 15. Jahrhundert hier gar nicht vorstellen. Zwischen Hallein und Laufen durften Schiffe nur mit Menschenkraft flussaufwärts gezogen werden, damit die ärmeren Laufener ihr Auskommen hatten. Befüllt waren die von Passau zurückkommenden Schiffe mit Getreide und Wein. Allein im Jahr 1575 fuhren 3.327 Schiffe durch Laufen.

Wir aber schlendern gemächlich, joggen oder radeln immer an den über der Salzach thronenden Patrizierhäusern und schließlich am trutzigen Komplex der Stiftskirche vorbei. 1330 wurde sie erbaut und gilt als die älteste gotische Hallenkirche Bayerns, lombardische, romanische und barocke Elemente beinhaltend. Wir besuchen sie auch noch, nachdem wir den Uferweg bis zur Europabrücke gehen, einem nur für Fußgänger und Radfahrer zugänglichen filigranen Steg über die Salzach. Dort biegen wir durch das knallgelbe Stadttor wieder zum Stadtplatz hoch und besuchen die Stiftskirche, die gut sichtbar am Ende der Rottmayerstraße liegt. Selbst für den Ungläubigen dürfte der mit rosa Marmor gepflasterte Kreuzgang mit den Reliefgrabplatten der Laufener Patrizier ein magisches Erlebnis sein. Golden scheint das Licht durch den Bogengang und vermengt sich mit dem rosenholzfarbenen Marmor. Man hatte in Laufen jahrhundertelang dem Fluss alles zu verdanken, und das spiegelt die unter Ensembleschutz stehende Altstadt bis heute wider. Manchmal wünschte man sich ein bisschen mehr modernes Leben in den alten Gemäuern, aber das spielt sich wohl außerhalb der Stadtmauern ab, wo zahllose Gemeinden zum Laufener Einzugsgebiet gehören.

Wenn man Laufen mit dem Auto, das wir im Übrigen auf dem Parkplatz Lebenauerstraße 18, Nähe Rathaus, geparkt hatten, auf der Abtsdorfer Straße Richtung Teisendorf verlässt, sollte man nicht versäumen, im Café Steinbach einzukehren. Zu übersehen ist das historische Gebäude samt Café, das seit 1774 in Familienbesitz ist, nicht. Der Geschichte entkommt man in Laufen eben noch nicht einmal beim Kuchenessen.

WELTLÄUFIGES FESTIVAL NAH AM WASSER
Der Chiemsee Summer in Übersee

40

Was kann schon daran sein, Musik im strömenden Regen zu hören? Wer tanzte je gern im Schlamm? Muss man auf Toiletten gehen, die olfaktorisch eine echte Herausforderung sind? Ja, man muss! Es gibt wohl kaum ein Musikevent, das eine grandiosere Kulisse zu bieten hat als der *Chiemsee Summer* ... das Festival im ansonsten beschaulichen Übersee. Der Hochfelln und seine Ausläufer geben die bräsige Kulisse zu dem Spektakel, das aus dem 1995 gestarteten *Chiemsee Reggae Festival* entstanden ist, jenem Versuch, ein bisschen Jamaika und »a sauguads Kraut« nach Bayern zu bringen. Heute ist das Lineup so bunt wie die jamaikanische Flagge, und angelockt werden nicht nur Youngster, sondern alles, was Musik, Open Air und die geniale Nähe zum Chiemsee liebt.

Mit ziemlicher Zuverlässigkeit versinkt das Festival Mitte August im Schlamm, weil die bayerischen Sommer nun mal gewitterreich sind. Schon deswegen ist das Ganze auch ein Wasserort, den man nie ohne Gummistiefel besuchen sollte. Wer dort zeltet, muss ein Freund von feuchten Wiesen und undichten Planen sein. Auch weil so mancher Auftritt nur im Regenponcho genossen werden kann und in den Konzertzelten das Kondenswasser in Strömen von der Decke pritschelt. Zeigt sich aber die Sonne und man schafft es vor Mittag aus Bett und Zelt, lässt man sich mit dem Shuttlebus zum Chiemseestrand rüberbringen (siehe Beitrag 61). Unvergessen sind die Tage bierfröhlichen Abfeierns, auch wenn gelegentlich die Schwammerl aus den Gummistiefeln wachsen und man das tägliche Waschen im See erledigt. Hier ist man dem Element Wasser auf allen Ebenen ausgeliefert. Am Ende hat man gelernt, Wodka aus dem Tetrapack zu trinken, weil Glasflaschen nicht erlaubt sind, und Schlamm nicht als Schmutz zu betrachten. Der *Chiemsee Summer* wird bei Dauerregen zur zweitgrößten Wasserstelle des Chiemgaus. Und bei schönem Wetter ist es einfach der »place to be«, wenn man tagsüber am Chiemsee, der größten Wasserstelle des Chiemgaus, chillen und nachts feiern möchte.

DER SEELEN-SEE
Der Thumsee

41

Tatsächlich scheinen manche Nischen der Natur den Namen »Kraftort« zu verdienen. Und auch wenn man diese Bezeichnung eher im Esoterischen oder Magischen verortet, es ist was dran an der nicht messbaren energetischen Aura, die manchen Flecken der Erde innewohnt. Auch ein großer »Spürer« und Wissenschaftler schien 1901 empfänglich für den magischen Charme der Landschaft rund um den Thumsee kurz vor Bad Reichenhall: Der Neurologe Sigmund Freud (1856–1939) hatte den Thumsee gar nicht auf dem Schirm, als er während einer Ferienreise aus Verlegenheit samt Familie hier Station machte. Er verliebte sich vom Fleck weg in den bacherlwarmen und komplett von Bergen umstandenen Moorsee, wenn man das bei einem so ernsthaften Professor sagen darf. Im *Seewirt*, der im Jahrhundertwende-Stil, einem Mix aus Jugendstil und Alpenarchitektur erbaut ist, verbrachte Familie Freud zahlreiche Sommer, sehr zur Freude der Kinder, die unbeaufsichtigt die Natur erkunden oder einfach nur spielen konnten, während Papa Freud an seinen wissenschaftlichen Arbeiten saß oder angeln ging.

Heute macht der Besucher des Thumsees einen Zeitsprung, auch wenn man das Gewässer »easy« mit dem Auto oder Bus erreicht. Am südlichen Ufer kann man komfortabel parkieren. Wer den Thumsee allerdings von Inzell kommend ansteuert, sollte recht aufmerksam auf weiße Schilder achten, die nach links weisen. Sonst verpasst man die Abfahrt zum *Seewirt* und zu einer der schönsten Badebuchten des Sees, und dann muss man auf der Staatsstraße nach Bad Reichenhall einen der Parkplätze für die schnell entschlossenen Schwimmer wählen, das ist nur halb so malerisch.

Denn malerisch ist es, wenn man den Rundweg von einer knappen Dreiviertelstunde um den See macht. Von ferne schon leuchtet der *Seewirt* in all seiner Fin-de-Siècle-Folklore, hellweiß mit Giebeln und Schnitzwerk. Nur schad, das stellt man dann bei näherer Betrachtung fest, dass bei der Ausgestaltung der Terrasse und des Mobiliars nicht stilsicher gearbeitet wurde. Der Flair des *Seewirts* ist heute, anders sicherlich als zu Freuds Zeiten, aus der Ferne stärker als aus der Nähe.

Unergründlich schwarz schmiegt sich der Thumsee zwischen seine bergigen Begleiter.

Aber man soll sich ja auch bewegen und nicht gleich zum gemächlichen Teil übergehen. Der Gehweg rund um den See ist joggend, walkend, tritschelnd samt Kinderwagen und Radl zu bewältigen, ja sogar mit beräderten Gehhilfen. Was man von Mai bis September immer dabeihaben sollte, ist das Schwimmgewand, denn nicht nur das neben dem *Seewirt* und unterhalb des *Madlbauers* gelegene Strandbad bietet Bademöglichkeiten. Der See lädt erfreulicherweise fast rundum via kleine Buchten zum schnellen Schwumm ein. An manchen Stellen sollte man allerdings der Natur ihre Ruh lassen, denn da steht dicht an dicht Schilfwerk. Es ist Rückzugsort zahlreicher Wasservögel und Laichgebiet von Amphibien und Fischen. Aber das sagt einem eigentlich der gesunde Menschenverstand in der klaren Luft des Seetals und beim Anblick der 1.000 Töne Grün, die der See aus jedem Betrachtungswinkel neu kreiert. Durch sein mooriges Grundgerüst, die oft warmen Fallwinde, die sich über dem Wasser sammeln, ist der See ein Eldorado für die ökologisch sehr sensiblen Seerosen. Die wachsen nicht nur in vielen Buchten des geradezu paradiesisch im Naturschutzgebiet westlich von Bad Reichenhall gelegenen Thumsees, sondern auch in dem Sümpfchen Seemösl, das durch eine leider viel befahrene Straße vom Thumsee getrennt liegt. Neun verschiedene Arten gedeihen im Seemösl unbehelligt, und seit 1936 existiert hier die älteste Seerosenfarm Deutschlands. Der Anblick ist den ganzen Sommer über ein Traum und schon allein einen Ausflug wert.

Einmal im Jahr allerdings wirft der Thumsee, der übrigens in Privatbesitz ist, all sein kontemplatives und romantisches Gehabe ab. Mitten im Juli pilgern Tausende an seine Ufer, bewaffnet mit Picknickkörben, Wein und Liegedecken. Dann nämlich, wenn das einzige philharmonische Berufsorchester Oberbayerns, die Bad Reichenhaller Philharmoniker, ein Konzert gibt, ein Spektakel, das in einer lauen Sommernacht alle herkömmlichen Konzerterfahrungen übertrumpft, die man sonst so macht. Beendet wird das symphonische Naturerlebnis durch ein Feuerwerk, das dem Fest auch seinen Namen gibt: *Der Thumsee brennt.*

Ganz anderer Natur, aber nicht weniger rummelig, ist der Thumsee-Triathlon, denn schließlich kann man hier, im von Bergen eingerahmten Biotop und Sehnsuchtsort, radeln, schwimmen und rennen auf engstem Raum. Aber bei aller Liebe zu Events, den wahren Zauber entfaltet der Thumsee, wenn man ihn allein oder in Begleitung lieber Menschen gemächlich umrundet. Wer ihn im Winter besucht, sollte die Schlittschuhe nicht vergessen. Dann stellt sich, ähnlich wie im Sommer, in der Mitte des Sees ein ziemlich magisches Gefühl ein … rundum Berge, der See als kleiner Hort der Ruhe dazwischen, in vertrauter Nähe zwei Gastwirtschaften, wo man den Bärenhunger stillen kann, den man in der Prachtluft entwickelt, und über, neben und unter einem nichts wie Grün. Man muss kein Neurologe sein, um zu erkennen, dass dieses limnologische Vademekum ein Seelentröster und Nervenberuhiger vom Feinsten ist.

DURCH HAMMER FLIESST DIE ROTE TRAUN REGULIERT, TROTZDEM KANN AUS DEM BACH EIN REISSENDER FLUSS WERDEN.

STARTPUNKT DES SALINENRUNDWEGS IST DIE SIEGSDORFER PETRUSQUELLE /// HÖPFLINGER WEG 8 /// 83313 SIEGSDORF /// 0 86 62 / 6 60 10 /// WWW.PETRUSQUELLE.DE ///

EINE EINKEHRMÖGLICHKEIT BIETET DAS CAFÉ WEINMÜLLER /// HAUPTSTRASSE 24 /// 83313 SIEGSDORF /// 0 86 62 / 66 31 96 /// WWW.WEINMUELLER-CAFE.DE ///

UND HOTEL/GASTHOF HÖRTERER »DER HAMMERWIRT« /// SCHMIEDSTRASSE 1 /// 83313 SIEGSDORF /// 0 86 62 / 66 70 /// WWW.DER-HAMMERWIRT.DE

WASSER UND HANDWERK
Der Salinenrundweg von Siegsdorf nach Hammer

42

Salz, Holz und Wasser, das sind die drei Elemente, die dem Chiemgau, dem Rupertiwinkel und dem Berchtesgadener Land über Jahrhunderte, ja bis heute wirtschaftliche Größe, Arbeit und landschaftliches Gepräge gegeben haben. Die Wasser und Holz verschlingende Verarbeitung von Salz hat bereits im 17. Jahrhundert zu einer regionalen Holzknappheit geführt, deshalb wurde die Sole von Bad Reichenhall nach Traunstein weitergeleitet. So einfach wie es heute klingt, war das nicht. Die 31 Kilometer lange Soleleitung wurde dennoch in nur zwei Jahren gebaut. Die älteste Pipeline der Welt bestand aus Deicheln, ausgehöhlten Holzstämmen, die ineinandergesteckt die Sole beförderten. So eine Leitung, ganz aus Naturmaterial, war natürlich anfällig gegen Witterungsschäden und Abnutzung. Zudem wollten immer wieder Diebe etwas von dem kostbaren Stoff abzwacken. Brunnwärter hatten die Aufgabe, die Deicheln zu warten. Und weil es zum Transport von Sole Wasserzufuhr brauchte, lagen die Soleleitungen, so weit es ging, neben Flüssen wie der Roten Traun. Damit man auch heute noch von dem prägenden Handwerk und frühen Industriegut etwas erfährt, wurden zwischen Rosenheim und Thumsee zahlreiche Salinenrundwege eingerichtet. Versehen mit Infotafeln und vor allem eindrucksvollen Deicheldepots, in denen man die vier Meter langen Stämme heute noch aus der Nähe betrachten kann.

Wir nehmen uns dazu einen übersichtlichen und malerisch-beschaulichen Rundweg vor. Von Siegsdorf nach Hammer, das dauert knappe zwei Stunden, zurück geht's mit dem Bus oder eben wieder zu Fuß, was kein Unglück ist, denn jeweils am Anfang und am Ende des Wegs passt es mit der Gastronomie großartig.

Wir starten Downtown Siegsdorf am Verkehrskreisel an der Roten Traun. Hier kann, wer mag, einen kleinen Abstecher zur Produktionsstätte der *Petrusquelle* machen. Dort wird schon seit Jahrhunderten das tief unter dem Siegsdorfer und Bergener Land liegende Mineralwasservorkommen verarbeitet. Wir überqueren die Traun, sehen den Fliegenfischern bei ihrem beschaulichen Tun zu, lassen das Mammutmuseum links liegen, aber nur weil wir sonst nicht weiterkämen.

Die alte Hammerschmiede aus dem 16. Jahrhundert kann man in Hammer bis heute bestaunen.

An der Hauptstraße entlang machen wir dennoch einen klitzekleinen Abstecher zum Hans im Café Weinmüller, was schon insofern unerlässlich ist, weil es dort mit die besten Kuchen zwischen Berchtesgaden und Rosenheim gibt und der ganz eigene Vintage-Stil des Gastraums ein steiler Gegenentwurf zum sonst Üblichen ist. Weiter geht es den Berg hinauf. Bei einem angedeuteten Zebrastreifen wechseln wir auf die linke Seite, schlängeln uns zwischen zwei Wohnhäusern die offizielle Stiege hinauf und wandern durchs Neubaugebiet zum Salinenrundweg, einem grünen Tunnel aus hohen Bäumen. Noch bleibt die Rote Traun unsichtbar, auch wenn schon Info-Stände das Soleleitungswesen erklären sowie ein weiteres Handwerk, das Fluss und Salz untrennbar miteinander verbindet … das Triften. Die zur Salzgewinnung benötigten Baumstämme mussten über weite Strecken zu den Produktionsstätten transportiert werden. Das ging nur auf dem Wasserweg. Durch Aufstauen in sogenannten Klausen wurde der Wasserstand hoch genug gehalten. Mit Seilwinden und natürlichem Schub durch Natur und Menschenkraft wurden die zu Flößen verbundenen Stämme vorwärtsgetrieben. 1896 wurde auf der Traun das letzte Mal getriftet.

Und während man noch dabei ist, diese Informationen zu verdauen, hört man sie schon, die Traun. Tief unterhalb des jetzt durch Wiesen verlaufenden Wegs. Denn der linker Hand steil abfallende Abhang ist das scharf eingeschnittene Becken der Traun, die je nach Jahreszeit friedlich plätschert oder gurgelnd tost. Wir überqueren die Bundesstraße, die nach Neukirchen führt, und tauchen wieder ein in das feuchte Biotop des Traunwegs, der im Örtchen Heutau an einer Straße endet.

Da kann man nun Richtung Hammer/Inzell weitergehen oder einen Mini-Abstecher nach links machen, um eine der ältesten noch bewirtschafteten Mühlen Bayerns zu besichtigen. Die Kraft des Traunwassers hat hier schon seit dem 16. Jahrhundert mächtige Mühlräder betrieben. Der hoch aufgeschossene Mühlenbau mit den Kornspeichern ist heute ein tipptopp geführter Betrieb mit Urkornsorten und Mühlenladen. Wer es zeitlich geschickt anstellt, kann eine Führung bekommen.

Zurück auf die Straße Richtung Heutau geht es beim Wegweiser Richtung Salinenrundweg über eine Brücke, die von einem Sägewerk dominiert wird, das ebenfalls die Kraft der Traun nutzt. Der Weg führt nun entlang der lieblichen Traun-Auen bis nach Hammer, wo wir zuerst die müden Füße in der kleinen Kneippanlage wässern und anschließend beim Hammerwirt brotzeiten. Das kulinarisch ambitionierte Gasthaus entstand aus einer Tafernwirtschaft, also einem Brotkaufladen mit Branntweinausschank aus dem 18. Jahrhundert. Durch Hammer kamen viele Salzhändler und -transporteure, die vor dem Hammernock, dem steilen Anstieg am Ortsende, noch eine Stärkung brauchten. Von der namengebenden Hammerschmiede ist noch das Haus aus dem 16. Jahrhundert übrig, gleich neben der Roten Traun, die so vielen Handwerkern zur Existenz verhalf und heute als Naherholungsbiotop nicht mehr wegzudenken ist.

BERGBAUMUSEUM ACHTHAL /// TEISENDORFER STRASSE 63 /// 83317 TEISENDORF /// 0 86 66 / 2 28 60 37 /// WWW.BERGBAUMUSEUM-ACHTHAL.DE

DEN WALD-DAMM-WEG DURCHS ACHENTAL BETRITT MAN AN DER TOURISTINFO TEISENDORF /// POSTSTRASSE 14 /// 83317 TEISENDORF /// 0 86 66 / 2 95 ///

DIE EISERNE GRENZE ZU ÖSTERREICH

Das Bergbaumuseum Achthal in Teisendorf 43

Wenn man, der kurvigen Straße von Neukirchen folgend, in Richtung Teisendorf herunterfährt, kann einem der Anblick von Achthal schon in die Glieder fahren. Dieser Ortsteil von Teisendorf, in dem sich heute ein Bergbaumuseum gleichen Namens befindet, ist durch seine raue Architektur geprägt. Natursteinhäuser säumen die Straße, die sich an der Oberteisendorfer Ache entlangdrückt. Achthal ist schmal, am breitesten noch an der Stelle vor dem Bergbaumuseum und der vorgelagerten kleinen Bergknappenkapelle Maria Schnee. Das mächtige Arbeiterwohnhaus rechts vom Hauptgebäude gibt dem Ensemble aus dem 19. Jahrhundert ein industrielles Gepräge. Vom 16. bis Anfang des 20. Jahrhunderts wurde hier Erz geschürft, zur Eisengewinnung. Wie hart die Arbeit in den Eisenflözen war, davon berichten Schautafeln. Noch eindrucksvoller ist ein Gang durch den Schaustollen. Eine ganz eigene Welt muss dieses Achthal gewesen sein, mit seinen schwer arbeitenden Bergknappen, die unter Tage per Hand das Grubenwasser wegtransportierten, um die Stollen frei zu halten.

Wem statt nach Industrieromantik nach einer Wanderung ist, der fährt weiter nach Teisendorf hinein, parkt in der Tiefgarage und betritt den acht Kilometer langen Wald-Damm-Weg durchs Achental am Tourismusbüro. Zu Fuß geht's westwärts auf der Poststraße. Man lässt das barocke Forstamt hinter sich und wendet sich nach Süden. Weiter führt der Stettener Weg bis nach Moosen, wo es links hangaufwärts zur Lourdesgrotte geht, einer Nische aus Naturstein mit Marienstatue, täuschend ähnlich der in Lourdes. Von dort folgt man dem romantischen Waldweg bis nach Oberteisendorf und zur Burgruine Rechendorf. Danach wandert man bergab zur Kumpfmühle. Anschließend müssen Straße und Ache überquert werden, für ein Fußbad in der Kneippanlage. Ab da begleitet die Ache den Weg bis zur Oberteisendorfer Kirche St. Georg. Der Weg zurück führt rechts der Ache über die B 304 wieder zurück nach Teisendorf.

DAS WASSER DES FELLBACHS TREIBT DIE WAGENSTALLER MÜHLE AN.
WAGENSTALLER NATURKOSTMÜHLE /// OBERMÜHL 49 ///
83083 RIEDERING /// 0 80 36 / 77 20 ///

ENTWEDER VIEL WASSER ODER NIX!
Die Wagenstaller Naturkostmühle

44

Für die Wagenstaller Mühle ist das Wasser unentbehrlich. Zwar nicht mehr wie früher für ihr Wasserrad, doch die Francis-Spiralturbine, die seit 1936 den Strom für das Mahlwerk liefert, braucht es genauso. Das Wasser und seine ausreichende Menge sind somit zentrale Themen bei den Wagenstallers, Müllerfamilie seit 1765 und seit 90 Jahren Müller am Fellbach, zwei Kilometer östlich vom Simssee.

Das Wasser des Fellbachs leiten die Wagenstallers 1,5 Kilometer weit über ihren Mühlenkanal ab, dazu auch alle kleineren Bäche und Rinnsale, die sich auf dem Weg bis zur Mühle anbieten. Am Ende kommt so immerhin ein Gefälle von elf Metern zustande, was für die Mühle eine schöne Energiemenge ergibt. Wenn da nur nicht die Sache mit den wechselnden Wasserständen wäre. Klar und sauber ist der Fellbach, sein Name, ein uralter Begriff aus dem Wasserbau, deutet darauf hin, dass hier schon immer eine Mühle stand, eine erste Erwähnung stammt immerhin aus dem Jahr 930.

Annelie Wagenstaller, ehemals jüngste Müllermeisterin Deutschlands, liebt ihr Handwerk. Sie sieht es als ihre Berufung an, die Themen Mehl und Brot aus den Fängen der Backindustrie zu befreien. In ihrer Mühle betreibt sie einen weithin bekannten Naturkostladen, ihre Brotbackkurse sind regelmäßig ausgebucht, und als Autorin erfolgreicher Brotbücher sieht man sie auch schon mal in Talkshows. Ihr Energielieferant Wasser macht sich dagegen zunehmend rar, mit Sorge sieht Annelie die wachsende Besiedlung auf dem Land als eine der Ursachen. Wenn dann der Fellbach bei Starkregen binnen einer Stunde über einen Meter steigt, lässt sich der Energieschub leider nicht speichern. Doch für ihr Extra-Mühlrad, das sie gerne zur Demonstration der alten Technik laufen lässt, hat es nebenbei immer gereicht.

ZIEL-VORSCHLAG SIMS-WEHR: PARKMÖGLICHKEIT AN DER ST 2362 BEI 83083 RIEDERING ///

HIER RAUSCHTE ES SCHON IMMER
Das Sims-Wehr der Krottenhausmühle bei Riedering

45

Wir sollten im Kapitel über Fischer, Brückenbauer und fleißige Müllerinnen das Wasser wieder einmal unmittelbar an uns heranlassen. Vielleicht bei einem spontanen Feierabend-Bad am versteckten Wehr der Krottenhausmühle. Hier wird die Sims, die den Simssee Richtung Inn entwässert, für den Mühlenbetrieb aufgestaut und abgeleitet, wie es halt bei Mühlen üblich ist. Unüblich ist, dass die Mühle vom Wehr weit entfernt und von ihm aus nicht zu sehen ist. Kenner des Geheimplatzes überqueren auf lückenhaften alten Eichenbohlen das Wehr, das eigentlich eine Schleuse ist, und stehen nach ein paar Metern unter Bäumen auf der Uferwiese mit einer Badestelle der Dorfjugend.

Das übers Wehr abfallende Simswasser hat sich mitten im Auwald eine Gumpe geschaffen, eigentlich schon einen richtigen Teich, wie er nur über viele Jahrzehnte hinweg entstehen kann. Tief ist er nicht, auch ist der Einstieg etwas schlammig, doch hier zu baden ist trotzdem ein Hochgenuss. Seidig weich, moorbraun und erfrischend kühl ist das Wasser, wer sich beim Rauschen des Wehrs in der leichten Strömung auf dem Rücken treiben lässt, den Blick hinauf ins Grün der Erlen, der bekommt ein Erlebnis geboten, das kein Spa weit und breit im Programm hat.

Die Krottenhausmühle ist eine große Hofanlage, die 1877 als Getreidemühle ausgebaut wurde und bis vor wenigen Jahren ein turbinenbetriebenes Sägewerk war. Die alten Turbinen produzieren jetzt nur noch Strom für den privaten Bedarf der Bewohner. Solange sich keine Badegäste mit Schirm und Liege am Wehr niederlassen, wird Besuch nicht als Störung empfunden. Der Weg: Auf der St 2362 zwischen Stephanskirchen und Riedering am Abzweig zum Weiler Ried parken, gegenüber auf einem Fahrweg immer dem Rauschen folgen, links, rechts und wieder links über eine feuchte Wiese, und schon ist das Wehr erreicht. »Im Wehr« lautet die Flurbezeichnung auf der Karte, was von Tradition zeugt.

FRÜHER GING'S BEI NEBEL NUR MIT KOMPASS
Die lange Tradition der Chiemsee-Schifffahrt

Fischer waren die Ersten, die auf dem See Boote benutzten, die frühen Siedler auf den Inseln kamen auch nicht ohne Wasserfahrzeug aus. Wie bei den Fischern war das ausnahmslos der einfache Einbaum, der noch bis ins 19. Jahrhundert auf dem Chiemsee in Gebrauch war. Aus einem einzigen Eichenstamm herausgeformt war das ein relativ schmales, aber unverwüstliches Boot. Wer zwei von ihnen mit einer Plattform verband, hatte ein stabiles und erstaunlich tragfähiges Fähr- und Lastenboot für Menschen, Vieh und Material. Auf Bildern der Chiemseemaler aus dem 19. Jahrhundert sieht man ihn noch abgebildet, und aus Aufzeichnungen weiß man, dass sie ihn selbst benutzten, wenn sie zu ihrer Künstlerkolonie auf der Fraueninsel übersetzten. Als mit der Zeit um den See herum die passenden Eichen knapp wurden, ersetzte man den Einbaum durch sogenannte Renner. Sie waren aus Bohlen gefertigt, wurden in ihren Maßen dem jeweiligen Gebrauchszweck angepasst und ähnelten stark den flachen, kiellosen Plätten der Inn-Schifffahrt. Einbaum und Renner wurden mit Rudern fortbewegt, beim Renner stand der Bootsmann aufrecht in Fahrtrichtung, wobei er die beiden eingehängten Ruder nach vorne stieß. Vermutlich kommt daher der Name, denn ein Stoß ist im Bairischen bekanntlich ein »Renner«.

Als dann Bayerns Märchenkönig Ludwig II. seinen Versailles-Nachbau auf der Herreninsel baute, konnte er schon auf eine vorhandene Dampfschifffahrt zurückgreifen. Der Zimmermann Wolfgang Schmidt aus Grassau hatte im Juni 1845 erstmals einen hölzernen Eigenbau mit Dampfantrieb von der Feldwies Richtung Fraueninsel auf die Reise geschickt. Der Erfolg der ersten bayerischen Dampf-Linien-Schifffahrt war zwar mäßig, der Zimmerer-Kapitän hatte mangels Erfahrung mit vielerlei Problemen zu kämpfen, doch das alles geschah immerhin viele Jahre, bevor die Münchner Obrigkeit auf die Idee einer staatlichen Seen-Schifffahrt kam.

Der Konstrukteur des Dampfkessels, der Münchner Kupferschmied Johann Feßler, übernahm wenige Jahre später die Konzession des Schifffahrts-Pioniers aus Grassau. Von dessen namenlosem

Führerstand der MS Ludwig Fessler

Fahrzeug gibt es leider keine überlieferte Abbildung, Ludwig Steub aber muss es gesehen haben. Der erste erfolgreiche bayerische Reiseschriftsteller sprach als Zeitzeuge spöttisch von einer »Bauernarche«, und im Eintragsbuch der Abtei Frauenwörth notierten die Benediktinerinnen Folgendes: »5. Mai (1845), erstmalige Ankunft des neuen Dampfschiffes. Heute landete zum ersten Male, Mittags 12 das Dampfschiff von der Feldwies kommend, auf seiner Probefahrt dahier beim Klostersteg an; um 2 Uhr fuhr es nach Herrenchiemsee ab. Es ging sehr langsam, so dass ihn die gewöhnlichen Schiffe leicht nachfuhren und es einholten.« Nach zwei weiteren Holzschiffen lief im neuen Heimathafen Prien-Stock bereits 1859 das erste eiserne Dampfschiff namens *Herzog Maximilian* vom Stapel.

Die private Chiemsee-Schifffahrt Ludwig Feßler KG ist heute mit über einem Dutzend großer und kleiner Schiffe Herr über das Bayerische Meer und seine acht Dampferstege. Wenn auch längst der Diesel dominiert … »Dampfer« klingt einfach schöner und nach mehr

Tradition. Auf die ist die Familie Feßler zu Recht stolz, so wie auf ihr Flaggschiff, den 90 Jahre alten Raddampfer *Ludwig Fessler*. Die dreistündige große Chiemseetour mit dem schlanken, schnellen »Salondampfer« sollte sich jeder Sommergast einmal gönnen. Ich durfte auf der Kommandobrücke beim Rudi mitfahren, er steuert die *Ludwig* schon über 30 Jahre und kennt sie bis in ihre letzte Niete. Den modernen Führerstand hat der Rudi als gelernter Schlosser selbst entworfen und zusammen mit den Feßler-Handwerkern gebaut. Die *Ludwig* wurde 1973 vom klassischen Dampfantrieb auf Dieselhydraulik umgebaut, danach blieben von den sieben Mann Besatzung nur noch drei übrig: der Andi an der Kasse, der Sepp als Spezialist beim Anlegen und die Christine am Kiosk, als Einzige nicht in Uniform. Die alte Dampfmaschine hat übrigens überlebt, sie treibt heute einen ebenfalls historischen Raddampfer in der Schweiz auf dem Vierwaldstättersee an.

Rudi erzählt mir, dass früher bei Nacht und Nebel noch mit Kompass und Karte gefahren wurde, GPS und Radar gibt es erst seit 1985. Passiert ist aber noch nie etwas, versichert mir Sepp, die Passagiere seien bei den Feßlers absolut sicher. Früher sei einmal ein Matrose über Bord und ins Schaufelrad gefallen, den hätten sie dann »in der schwarzen Kiste wegtragen müssen«. Klingt schon ein wenig nach Seemannsgarn, denn bei Rudis eleganten Manövern an den Stegen kann ich mir das kaum vorstellen.

Noch so eine seltsame Geschichte gibt es: Vor Jahren hätten im Schaufelrad-Kasten versteckt Rauchschwalben genistet. Auf dem Nest sitzend oder als fliegender Begleiter wären sie bei allen Fahrten dabei gewesen. Heute hätten Vogelschützer die *Ludwig* dafür längst an die Kette gelegt. Ich will die Story gern glauben. Und wenn sie nicht wahr sein sollte, so ist sie doch gut erfunden, und zum großzügigen Chiemsee passt sie allemal.

MANCHMAL EINFACH NUR SCHAUEN
Beim Pollfischer auf der Fraueninsel

Kaum einer ist mit dem Wasser praktisch und emotional mehr verbunden als der Fischer. Georg Ferber von der Fraueninsel, bekannt unter dem Hausnamen »Pollfischer«, formuliert das als g'standenes Mannsbild so: »Ich fahre schon 30 Jahre raus, aber auch jetzt noch mag ich manchmal nur stehen bleiben und schauen.« Ein Satz in der Früh um halb sechs, als über dem See die Sonne aufgeht und eine Stimmung herrscht, die zu allen Jahreszeiten anders, aber immer besonders ist. Ich kann ihn gut verstehen, auch wenn mir an diesem Oktobermorgen die Kälte durch und durch geht.

Eine halbe Stunde sind wir bei Dunkelheit auf der Suche nach dem ersten Netz über den See geschossen. Dröhnender Außenborder, eisiger Fahrtwind, keine GPS-Anzeige ... offenbar ein Defekt am Sender der Netzboje. Der Griff zum Scheinwerfer hilft, dann die Enttäuschung: nur eine einzelne Brachse, wenn auch von stattlichem Format. Im Osten wurde es hoffnungsvoll heller, als dann auf dem Weitsee die letzten Meter vom zweiten Netz eingeholt waren, lagen rund 100 Renken auf Eis in den Wannen. Plötzlich waren wie aus dem Nichts riesige Möwen aufgetaucht. »Das sind adriatische Mantelmöwen«, sagte der Georg, »die schlucken eine ausgewachsene Renke im Ganzen!« Heute hatten sie Glück, er warf ihnen ein paar tote Exemplare zu. Am letzten Renkentag, denn ab morgen ist Schonzeit.

Meine Fahrt mit dem Georg steht zwar in keinem Tourismusprogramm, doch zu den schmackhaften Renken, Brachsen und Saiblingen verhelfen uns im Chiemgau nun mal die vielen Fischer. Ihre Arbeit sollten wir deshalb wertschätzen. Beim Pollfischer kommt der Fang noch am gleichen Tag frisch oder geräuchert in den Verkauf. Das schätzen auch die Stammgäste in seinem Insel-Biergarten, etwas abgelegen, sehr familiär und kein bisschen schickimicki.

BADEN KANN MAN AM WÖHRSEE ETWA IM WÖHRSEEBAD BURGHAUSEN /// WÖHRSEE 2 /// 84489 BURGHAUSEN /// 0 86 77 / 8 81 95 72 ///

BIOTOP IM SCHATTEN DER BURG
Der Wöhrsee 48

Wo bitte kann man schon an einer Burg entlangschwimmen? 1.000 Meter, die Burg ist sogar noch 34 Meter länger und damit die längste Europas. Zu Füßen der im 12. Jahrhundert gegründeten Feste Burghausen schmiegt sich an den Burgberg der Wöhrsee, der seine Entstehung einem früheren Verlauf der Salzach zu verdanken hat und beherztem und in diesem Fall sinnvollem menschlichen Eingreifen. Einst mäanderte nämlich der mächtige Fluss in einem irren U-Turn um den Eggenberg (den heutigen Burghauser Burgberg), bis er schließlich mit einer 360-Grad-Kurve den Berg in eine Insel verwandelte. Man verkürzte die Qual der Salzach und die der Inselbewohner und schnitt dem Fluss durch Stauung und Umleitung den Weg ab. Was blieb, ist der Wöhrsee unterhalb der Burg. Mit diesem nahen Wasserreservoir ließ sich schon 1332, als die »Wuhr« (was eigentlich auch »See« bedeutet) amtlich belegt wurde, allerhand anfangen. So wurde die Hofmühle damit bewässert, der königliche Fisch wurde dort gefangen, und als Eislieferant füllte der gefrorene Wöhrsee jene kalten Brocken in die Bierkeller und Vorratsstollen, die auch schon im Mittelalter ein angenehmes Alltagsleben ermöglichten. Ja, sogar als Heilbad diente der See mit seiner nördlich gelegenen Heilquelle, die von Herzogin Hedwig (1457–1502) ihren Namen bekam. Im 19. Jahrhundert wurde der Wöhrsee zur Militärschwimmschule, aber schon 1833 hatten alle Burghausener Zugang zu dem lang gestreckten Biotop mit dem saftig grünen Wasser und den fetten Fischbeständen. 1901 wäre das kleine Paradies im Herzen von Burghausen fast verloren gegangen, als die Hofmühle samt See an Privat verkauft werden sollte. Da schritt die Stadt ein und sicherte sich den See.

Heute kann man im 1935 gegründeten Wöhrseebad schwimmen und Boote leihen, am Steg sitzen, Kaffee trinken und die Burg von unten betrachten oder auch den einzigen Weinberg von Burghausen, dem jedes Jahr an die 300 Flaschen Wein entspringen. Die kurioseste Attraktion gibt es allerdings im Winter, wenn im Januar die deutschen Eisschwimmmeisterschaften ausgetragen werden. Im nur wenige Grad über Null kalten Wöhrseewasser müssen verschiedene Distan-

Die längste Burg über dem östlichsten Weinberg Bayerns; Burghausen am Wöhrsee hat noch mehr Highlights zu bieten. Zum Beispiel den Waldrapp, der im Burggemäuer brütet.

zen recht flott bezwungen werden. Kein Wunder, dass sich dazu viele Zuschauer einfinden … und dass die Burghauser große Fans und aktive Sportler sind. Denn das Wöhrseebad ist ganzjährig geöffnet. Und Kaltwasserschwimmen ist in Burghausen ein Schulfach, bei dem sich auch eher unsportliche Schüler profilieren können. Seefeste haben in Burghausen lange Tradition, schließlich ist es ein ziemliches Freizeitprivileg, einen Badesee mitten im Zentrum zu haben.

Der Wöhrsee mitten im Landschaftsschutzgebiet ist das Naherholungsareal für die Burghauser. Seine herausragende Wasserqualität wird durch den Zufluss des St. Johanser Mühlbachs und Quellaustritte gesichert. Ein Vorsee des Wöhrsees übernimmt ebenfalls eine Reinigungsfunktion, durch allerlei Phytoplankton, Algen und Wasserpflanzen, die den Tümpel bisweilen wie eine brodelnde Ursuppe erscheinen lassen, weil dort auf natürlichste Weise gereinigt wird, was das Zeug hält. Hier wird natürlich nicht gebadet, auch um den

Lebensraum vieler seltener Tiere nicht zu gefährden. Wer mit dem Hund den Wöhrsee umrundet, wird aber feststellen, dass es zahlreiche Badebuchten am Hauptsee gibt, an denen Herrchen, Frauchen und Hundchen völlig ohne Eintritt und Reglement den See bebaden dürfen. Überhaupt, die Tiere rund um den Wöhrsee: Die Hänge des Burgbergs werden in fast arkadischer Manier von Schafen und Schneckenhornziegen beweidet. Ganz natürlich entledigt man sich so des »Gfretts«, die steilen Matten zu mähen, die bis zum Spazierweg herunterreichen. Zahlreiche Schautafeln erklären sehr schön illustriert, wie die verschiedenen Laubbäume und das Totholz Insekten, Vögeln und Kleinsäugern sowie dem Biber als Lebensraum dienen.

Ja, und dann ist da noch ein Tierschutzprojekt der ganz besonderen Art. Man kann sie mit bloßem Auge erkennen, die Nistkästen, die an der Außenwand der Burgmauer, hoch über dem Abgrund schwebend, angebracht sind. Das sind die Behausungen eines stark bedrohten Kolonienbrüters: des Waldrapps. Der mit Ibis und Storch verwandte Vogel mit ausgeprägtem Sozialverhalten war bereits im 18. Jahrhundert vom Aussterben bedroht, weil er als Speisevogel bejagt wurde. Einst kam er aus Marokko und Vorderasien. In warme Gebiete muss er auch heute im Winter ziehen. Als weltweit nur mehr wenige Hundert Exemplare lebten, hat sich Burghausen dem Schutz der Vögel mit dem markanten Schnabel verschrieben. Mit Handaufzucht, Nistkästen und menschlichen Migrationshilfen werden seit 2007 Zootiere wieder an die freie Natur gewöhnt. Via Leichtflugzeuge wird den Vögeln der Weg in die Naturschutzgebiete der Toskana gezeigt. Wer im Herbst schon das Eisschwimmen übt, kann vom See aus die Vogelschwärme gen Süden ziehen sehen. Ihre kehligen Laute hört man am stillen See besonders gut. Und dann darf man beim 1.000-Meter-Kraulen im Wöhrsee ein wenig von Italien träumen, das auch architektonisch hier gar nicht weit weg scheint.

KLEINE FLUCHTEN ZWISCHEN 1.000 BUCHTEN

Der Leitgeringer See

Keine zwei Kilometer nördlich vom Ortszentrum Tittmonings schmiegt sich der buchtenreiche Leitgeringer See in die Hügellandschaft. Wer das Zufahrtsstraßerl zum Parkplatz ... Abfahrt Campingplatz ... gefunden hat, macht eine Zeitreise. Ein von Bäumen beschatteter Parkplatz, ein holzvertäfeltes Strandbad, das seinen architektonischen Ursprung in den 1930er-Jahren haben dürfte, schon stellt sich Retrocharme ein, mit den Stichworten Sommerfrische, Steckerleis, Strohhut und Staffelei. Künstlerkolonien, wie es sie in Murnau oder im Dachauer Moos gab, kann man sich auch hier, in der Nähe des malerischen barocken Tittmoning, vorstellen. Doch bleiben wir im Jetzt und Heute. Bei zwei Euro Eintritt kann man nicht meckern, denn das Strandbad ist picobello herausgeputzt mit unterhaltsamem Spielebereich und verwunschenen Liegewiesen, eine Gastwirtschaft fehlt auch nicht. Wer sich in die warmen Fluten stürzt, muss Hektik nicht fürchten. Paddeln ist erlaubt, alles was Lärm macht nicht, denn der See samt Gehölzgürtel steht unter Naturschutz.

Auf einem ausgewiesenen Pfad kann man das Nass umrunden, wobei viele Buchten auszulaufen sind, die Wasserbrüter, Lurche, Schlangen und Molche sowie Schnaken, Zikaden und Libellen beherbergen. Von dem moorigen Gewässer, das zu den wärmsten Bayerns zählt, geht eine meditative Ruhe aus, selbst wenn im Strandbad der Bär steppt. Wem nach so viel Idylle der Sinn nach Kultur steht, besucht noch Tittmoning und seine 800 Jahre alte Burg über dem Ponachgraben, wo ein imposanter Baumbestand das Rauschen des Wasserfalls bewacht. Auch dort wird man das Gefühl nicht los, dass hier im Rupertiwinkel die Uhren ein wenig anders gehen. Vielleicht österreichisch, denn bis vor 200 Jahren gehörte das alles zum Erzbistum Salzburg. »Leiwand«, wie der Österreicher sagt, oder neudeutsch »gechillt« ist auch diesseits der Salzach das Lebensgefühl. Mit dem Leben-und-leben-Lassen der Bayern ergibt das eine fesch ausbalancierte Melange, deren Erholungswert nicht zu übertreffen ist.

EIN PARADIES FÜR SELTENE BRUMMER
Der Abtsdorfer See

(50)

Fast übersieht man ihn, den Abzweiger nach Abtsee, kurz hinter dem Ortsschild Leobendorf. Die frisch ausgebaute Bundesstraße führt schwungvoll in den Wald, und sobald man den hinter Büschen versteckten Campingplatz erspäht, sollte man auch schon in den Parkplatz Strandbad einschwenken. Man kann natürlich auch vorher halten und um den See spazieren. Schön ist das zu jeder Jahreszeit, und wenn die Sonne untergeht, ein Naturschauspiel mit Lichteffekten.

Der Abtsdorfer See (kurz Abtsee) gehört zu den wärmsten und fischreichsten Seen Bayerns und färbt sich durch den Zufluss humussäurehaltiger Substanzen aus dem nahe gelegenen Haarmoos tiefbraun. Urgesund ist das Wasser, und so sind die feschen Riesenstege des Strandbads, die weit hineinreichen, ein beliebtes Ausflugsziel zwischen Mai und September. Immer am ersten Novemberwochenende wird der Wasserspiegel des Abtsees abgesenkt, um leichter an die Moorkarpfen zu kommen, die sich über den Sommer hinweg im bacherlwarmen Wasser prächtig vermehrt und entwickelt haben. Dann wird das Ende des Sommers mit einem rauschenden Fischfest gefeiert, bei dem die dicken Brummer verkauft und verzehrt werden.

Mitten im See liegt die bewaldete Insel Burgstall. Tatsächlich stand dort im 14. Jahrhundert eine Burg. Die Auseinandersetzungen zwischen dem Erzstift Salzburg und dem Herzogtum Bayern führten zu einer Flutung der Insel, die an manchen Stellen ganz nah ans Ufer heranreicht. Die nahe gelegene Stadt Laufen stößt mit ihrem Ortsteil Abtsee an das Nordufer. Wer einen Ausflug in diese Gegend macht, sollte einen Abstecher ins Schönramer Filz (siehe Beitrag 21) und zur Salzachbrücke in Laufen (siehe Beitrag 39) einkalkulieren. Übrigens ist das hier eine Gegend, die schon vor 5.000 Jahren besiedelt war. Im Abtsee hat man Kupferbeile aus der Zeit gefunden. Auch damals wusste man bereits, wo es schön ist.

RESERVOIR FÜR SELTENE LIBELLEN
Der Griessee

51

Die Seen zwischen Obing und Seebruck, die alle zur Seeoner Seenplatte gehören, sind eiszeitliche Relikte. Auch wenn sie heute meist unschuldig als Badeseen fungieren, blitzt aus manchen Ecken noch die Urzeit heraus. Zuerst muss man die zwischen Hügeln geduckten moorigen Weiher wie den Griessee aber finden. Von Obing kommend ist der Abzweiger zum Landgasthof Griessee unscheinbar. In gemächlichem Tempo schleicht man bis zum Wegweiser Strandbad, wo man das Auto am kostenpflichtigen Parkplatz schon stehen lassen könnte, um sich dem See mit allen Sinnen zu nähern. Für Faulpelze und Sparfüchse gibt's aber noch einen kostenlosen Parkplatz direkt am See. Mit allen Sinnen meint, auch den Geruch des Sees wahrzunehmen. Denn das pflanzenreiche Biotop verströmt an heißen Tagen den üppigen Duft eines Urwalds. Und eine Art Urwald ist der Ufergürtel auch. Er lässt einen Spaziergang um den See zu, allerdings sollte man den im Sommer nicht ohne Mückenschutz planen. Im tropischen Dampf fühlen sich Schmetterlinge, mausgroße Libellen, Vögel und Kreuzottern wohl. Sehr sympathisch ist, dass Hunde an einigen Uferabschnitten zugelassen sind. Am kostenlosen Badeabschnitt, wo ein fast drei Meter hoher Sprungturm die Jugend in Ekstase bringt, sitzen Sonnenhungrige und Angler einträchtig beieinander. Gegenüber kann man auf der Liegewiese des kostenpflichtigen Strandbads faulenzen.

Im Griessee, der wie die gesamte Seeoner Seenplatte ausschließlich von unterirdischen Zuläufen und Regenwasser gespeist wird, schwankt der Wasserspiegel oft beträchtlich, weshalb man die Sache mit dem Sprungturm mit Vorsicht angehen sollte. Für die Naturpuristen gibt's neben dem Strandbad einen Extrasteg, von dem aus man nackert ins Wasser darf, allerdings ohne optische Barriere. Und so schwimmen die Nackten und die Bekleideten gemeinsam mit prachtvollen Karpfen durch den See, mit und ohne Hunde. Der Griessee sieht es mit Gelassenheit. Ein Gefühl, das sich auch bei jedem Schwimmer einstellt, der auf die 100 Töne Grün meditiert, die den stillen See umgeben.

SOMMERFRISCHE FAST WIE AM SEE
Der Badepark Inzell

52

In den 1960er-Jahren war Sichtbeton ultraschick. Und es war das Jahrzehnt der Schwimmbäder, schließlich war die Adria weit und Mallorca schon gar. Kurorte, die etwas auf sich hielten, bauten einen dicken Klotz in die Ortsmitte, ungeachtet der Bausünde, die das dann meist war. Dieser Trend setzte sich bis weit in die 1970er-Jahre fort und verschandelte so manchen Ortskern von Berchtesgaden bis Ruhpolding. Inzell nahm sich nicht aus. Erst die Eishalle, dann das Bad. Betonbauten wie Berge. Das Freibad Inzell verfügte zwar über ein Becken, groß wie vier Fußballfelder, hielt aber gleichzeitig als schönes Beispiel des Brutalismo her. Rutschen wie Kipplaster, ein Sprungturmbunker und zum Liegen Betonplatten. Dahinter eine Traumkulisse: der Gipfel des Zwiesel, der waldige Falkenstein und die Hügelkette der Voralpen plus Kirchturmspitze und Kurpark. Ja, vielleicht gab den Ausschlag der Kurpark, der auch ein wenig in die Jahre gekommen war. In den 2000er-Jahren regte sich der Volksmut; einige Architekten, Politiker und Künstler taten sich zusammen und entwickelten ein Konzept, nicht nur für den Kurpark mit Solekneippbecken, sondern auch für einen Badepark, das sollte nämlich aus dem Freibad werden. Die Becken wurden geflutet, die Ufer ökologisch bearbeitet. Herausgekommen ist ein 10.000 Quadratmeter großer Naturbadesee mit Schilfgürtel, ungechlort und ungeheizt, samt Liegewiesen, Holzstegen und Brücken über Seerosen sowie einem Sprungturm, der sich wie ein Baum aufschwingt. Nur über die Gebäude des Hallenbads und der Umkleidekabinen muss man hinwegsehen, die sind aus der alten Ära übrig geblieben, haben aber jetzt schon wieder Retrocharme. In dem See gibt es gekieste Nichtschwimmerufer und einen Ponton, auf dem sich die Jugend trifft. Im Park findet man zudem ein Imbissstüberl mit Hausmacherkuchen und einen guten »Italiener« auf dem Dach des Bads, von wo aus man den Tauchschülern, die sich im See tummeln, beim Schnorcheln zusehen kann. Gegen Abend, wenn sich das Bad leert, kehren die Enten zur Nachtruhe zurück. Ist ja ein Naturbadesee.

MALERISCHE RESTE DER EISZEIT
Der Weitsee

53

Unweit von Wasserburg haben in der letzten Eiszeit Ausläufer des Inngletschers eine hügelreiche Landschaft geschaffen. In den vom Gletscher überrollten Mulden hielt sich das Eis lange. Viel später hat sich in den sogenannten Toteislöchern Wasser gesammelt. Sie bilden heute die Schnaitseer Seenplatte. Fünf besonders verwunschene Seen gruppieren sich um das auf einem Hügel gelegene, über 1.000 Jahre alte Dorf Schnaitsee. Die Moorseen Allerdinger See, Kratzsee, Weitsee, Scheibelsee, Schillinger See ducken sich in dichte Wälder und sind von ferne kaum auszumachen. Wandernd kann man sich ihnen nähern, als ausgewiesener Badesee gilt nur der Weitsee, der auch Schnaitseer See genannt wird. Bis heute ist das Strandbad eine filmreife Anstalt mit historischen Badekabinen, in denen vornehmlich die Einheimischen ihre Badeklamotten lassen, denn das tägliche Baden im See, auch bei schon herbstlichen Temperaturen, hält jung. Dabei will man auf die Annehmlichkeiten der Moderne nicht verzichten. Die Sanitäranlagen sind tipptopp, Funktionales ist hier dem Vintage-Chic gewichen und der Sprungturm machte einen fast futuristischen Eindruck, wäre er nicht komplett aus Holz.

Der Schönheit dieses Märchensees tun auch die Sonnensegel überm Sandkasten keinen Abbruch. Wie wenig es zum Ferienglück braucht, merkt man, wenn Jung und Alt auf den Stegen, Pontons und Uferstücken den Herrgott einen guten Mann sein lassen oder im gut sortierten Kiosk abhängen. An nicht ganz wetterbeständigen Tagen darf man, der freundlichen Kioskbesitzerin wegen, seinen Hund am Terrassenzaun festbinden, während man schwimmen geht. Das ist Badezauber pur, auch wenn man sich vor den fetten Karpfen und den bisweilen vorbeieilenden Wasserschlangen schon erschrecken kann. Aber die tun nichts. Die Zeit der Dinosaurier ist ja doch schon vorbei, auch wenn man das Gefühl nicht loswird, dass sich vielleicht in den Toteislöchern von damals ein Dinoei gehalten haben könnte. Meist brechen aber nur Reh oder Hirsch durchs Gehölz und starren vom sicheren Ufer aus auf die narrischen Menschen im See.

EIN BLAUES JUWEL IN GRÜNEM BERGKRANZ
Das Freibad Marzoll bei Bad Reichenhall

Wem das ewige Gesalze in Bad Reichenhall zu viel ist, der weicht in ein Familien-, Sport- und Spaßbad aus, das in der Liste der schönst gelegenen Bäder Deutschlands einen Platz findet. Etwas erhöht, über der Saalachschleife, auf der sich die vielen Ortsteile Bad Reichenhalls ausbreiten, im malerischen Ortsteil Marzoll, wurde eine Badelandschaft angelegt, die der vor Grün strotzenden Gegend hübsche türkisfarbene Akzente entgegensetzt. Ein wenig versteckt liegt das riesige Bad, so als wollten die Reichenhaller sagen: »Wer es findet, ist schon recht, wer nicht, soll draußen bleiben.« Aber in Zeiten von GPS ist auch das kein Schutz vor fremden Gästen, die unbedingt von der verstopften Autobahn abfahren sollten, um hier einen Zwischenstopp zu machen. Denn von der A 8 sind es nur fünf Minuten, vorausgesetzt, man verfranzt sich nicht zwischen Pferdekoppeln, alten Bauernhäusern und preisverdächtigen Gärten. Vom schattigen Parkplatz sind es nur wenige Schritte durch den Wald. Wer ein beschauliches altes Bad erwartet, wird enttäuscht. Wer aber gerne rutscht, springt, krault und Schwimmen als Fun-Sport versteht, der ist hier genau richtig. An etwas trüberen Tagen sind die Green- und Poolkeeper am Werk, und nur die unverdrossenen Stammgäste ziehen ihre Bahnen. Aber allein der Ausblick auf Tal und Berge lohnt die Anfahrt. Dass das Bad schon über 50 Jahre auf dem Buckel hat, sieht man ihm nicht an, denn es wurde 2010 und 2011 geschickt modernisiert. Mit seinen 1.940 Quadratmetern Wasserfläche, altem Baumbestand, Liegewiesen, Sonnenterrassen und schattigen kostenlosen Parkplätzen ist das Bad für den Ganztagsaufenthalt geeignet. Bei der Sanierung hat man im Eingangsbereich nicht nur das Bild des Reichenhaller Künstlers Rudi Schmidt erhalten, sondern auch noch ein riesiges Piratenschiff zum Klettern vertäut. Ein Zeichen, dass man hier unbedingt vor Anker gehen sollte.

TAUCHEN ZWISCHEN SEEROSEN

Das Naturbad Aschauerweiher in Bischofswiesen 55

Es ist vielleicht das schönste Naturbad Deutschlands, das größte ist es allemal. Malerisch eingebettet in die Hochgebirgslandschaft der Berchtesgadener Alpen, bietet das Naturbad Aschauerweiher von jeder Stelle einen perfekten Ausblick. Und gucken kann man an vielen Stellen in dem landschaftsgärtnerisch herausragend komponierten Mix aus hippen hölzernen Liegeflächen, Wiesenbuchten, warmen Holzstegen und gekachelten Teilen, die ... Liebe zum Detail ... mit wenigen knallbunten Einzelkeramiken glänzend herausragen. Das Wasser ist ein Traum, umringt von einem Pflanzengürtel, der durch ein ausgeklügeltes System derart reinigend wirkt, dass beste Wasserqualität immer garantiert ist. Dieses völlig ohne Chemikalien auskommende Wasser ist für Allergiker geeignet, aber auch für jeden andren Menschen mit Sehnsucht nach einem Badetag ohne störende Gerüche und Haut zersetzende Substanzen. Zwischen rosa knospenden Seerosen und blondem Schilf kann man entweder von einem Beckenbereich in den andren schwimmen oder springen oder planschen. Denn es ist für jeden, von Baby bis Greis, gesorgt, inklusive überschirmtem Kleinkinderplanschbecken, in dem vertäut ein sehr nettes Holzschiff ruht. Die Höhenluft macht hungrig, weshalb die gut besuchte und gut bestückte Pizzeria Gold wert ist. Und wenn man gesättigt auf dem Rücken treibt und entweder dem Malven- und Sommerfliederbewuchs zwischen den Liegebuchten beim üppig Blühen zusieht oder darüber nachdenkt, wie man wohl auf das in schwindelnder Höhe liegende und gut sichtbare Kehlsteinhaus kommt, dann ist das schon ein bissl wie im Märchen, hier in Bischofswiesen. Wie gut, dass ein Märchenweg gleich hinter dem Naturbad nach dem Baden noch zu einem kleinen Marsch tief in den Hochgebirgswald einlädt. Vorher kneippt man allerdings noch im vorgesehenen Becken, während Kühe über den Zaun zugucken und sich die Abendsonne über dem Aschauerweiher, einem Hochplateau von parademäßiger Schönheit, zu versinken anschickt.

ZWEIKLASSENGESELLSCHAFT BEIM BADEN
Der Tachinger See

56

Ein rechter langer Lulatsch ist der Tachinger See, das kleine Brüderchen des Waginger Sees, mit seinen 900 Metern Breite und vier Kilometern Länge. Das namensgebende Taching und das Örtchen Tengling sind die beiden Stationen, wenn es darum geht, am wärmsten See Bayerns zu planschen. Denn die flachen Strände in den beiden Strandbädern sind auch für kleine Wasserratten bestens geeignet. Spielplätze, Kioske und ausgedehnte Liegewiesen sorgen für ein Rundum-wohlfühl-Paket beim Familienbadetag. Auch wenn man offiziell den Tachinger See dem Waginger zuordnet, ist der Erlebniswert der beiden doch verschieden. Der Waginger See mit seiner Campingplatz-Überpräsenz scheint für den Nichtcamper verloren. Nicht so der Tachinger See, der zwar in Taching auch reichlich Seezugang nur für Camper bietet … eine recht eigentümliche Einschränkung der Gegend …, aber in Tengling, einer mittelalterlichen Grafschaft, weitaus demokratischer auftritt. Hier präsentiert das mitten im Landschaftsschutzgebiet gelegene Strandbad neben selbst gemachten Kuchen und vegetarischen Gerichten auch einen rührigen Bootsverleih für jedermann. Die Slowmove-Sportart Bootsfahren kann einen so richtig in den Rupertiwinkel-Flow bringen, denn hier im östlichen Zipfel des Chiemgaus gehen die Uhren noch ein bissl anders. Zwar ist hier das chiemgauspezifische Rennradel- und Mountainbikefahren recht en vogue, aber auch das gemächliche Velozipieren im Familienverband, an dessen Ende ein ultragechillter Tag im Strandbad Tengling folgen kann. Auf den gut ausgeschilderten Radwegen könnte man natürlich auch Kilometer über Kilometer hinter sich bringen und noch an gefühlt 100 weiteren Seen des eiszeitlich ausgespülten Rupertiwinkels baden. Aber den lieben Gott oder die liebe Göttin einen/eine guten/gute Mann/Frau sein lassen, kann man am Seerosenufer in Tengling mit fast hinduistischer Andächtigkeit oder bayerisch-barockem Laissez-faire.

MITTENDRIN EIN BAD FÜR ALLE
Der Reifinger See

57

In Grassau-Downtown, also am zweiten Kreisel, weist nur ein unscheinbares weißes Schild zum Reifinger See. In Richtung Unterwössen fahrend biegt man schon nach wenigen Metern links ab. Hinter Büschen geduckt liegen nicht nur reichlich Parkplätze, sondern auch das künstlich angelegte Gewässer Reifinger See. 20.000 Quadratmeter in Schmetterlingsform, auch wenn man die mit bloßem Auge gar nicht erkennt, denn rund um den See variiert die Bepflanzung. Am westlichen und nördlichen Ufer schmiegt sich ein Grasgürtel als Liegewiese um das Nass, das von der Tiroler Ache unterirdisch gespeist wird und somit immer beste Wasserqualität und angenehme Kühle bietet. Egal an welcher Uferseite man sich lagert, der Bergblick ist immer garantiert. Da der Zutritt zum See kostenlos ist, können auch Hundebesitzer an den versteckteren östlichen Buchten den kleinen Liebling zum Baden mitnehmen. Der Kiosk mit Garten, Veranda und Innenräumen kann von Gruppen genutzt werden, zum Beispiel für einen Radlausflug, aber eben auch als ganz klassischer Badekiosk, der einem die Kalorien, die man beim Umrunden des Sees abtrainiert hat, wieder draufpackt. Ein aufblasbarer Klettergipfel inmitten des Sees ist Hauptattraktion für die mutigen Springer unter uns. Frei flutende Baumstämme können als Schwimmhilfe oder Spaßbalken benutzt werden, und wer einfach nur schwimmen möchte, kann das ausgiebig und auch an heißen Tagen recht ungestört tun. Barrierefreien Zutritt zum Schwimmsee gibt es ebenfalls, samt Umkleide und Toilette. Das ist ein feiner Service. Tatsächlich ist der See unaufgeregt und maximal gechillt. Auch wenn man ihm die künstliche Anlage ansieht, ist der Naherholungswert unschätzbar. Unkompliziert für jedermann und jederhund, zu Fuß, per Rad und per Auto gleichermaßen gut zu erreichen. Beste Wasserqualität, kaum Mücken. Also, mehr muss ein See nicht.

ARBEITS- UND BADESEE
Der Fridolfinger See (58)

Es ist ein See wie vom pädagogischen Reißbrett: Infotafeln allüberall … über Flora, Fauna und die bunten Salzachkiesel. Aber halt, an der Stelle wird das Stillgewässer interessant. Während sich am nördlichen Ufer des abflusslosen Sees ein sauberer Badestrand, für jedermann zugänglich, breitmacht, nebst Sonnensegel über dem Kinderufer und Kaffeehaus für die Großen, wird im Süden des nur fünf Meter tiefen Gewässers noch immer beständig Kies abgebaut. Denn die nahe Salzach, in deren Tal Fridolfing liegt, bringt auf ihrem langen Weg aus den Kitzbüheler Alpen einen ganzen Strauß an Mineralien mit, den sie im erdgeschichtlichen Lauf durch Überschwemmungen, Endmoränenverschiebungen und Gletscherschübe recht großzügig über den Rupertiwinkel zwischen Burghausen und Laufen verteilt hat.

Dass der See barrierefrei für jedermann und sogar für Hunde zugänglich ist, stört die reichlich dort brütenden Wasservögel wenig. Man respektiert sich. Schließlich ist der bacherlwarme Uferbereich übersichtlich. Sowohl Menschenkinder als auch Vogelkinder können hier sorglos beaufsichtigt werden. Wer es sportlicher mag, kann im Fridolfinger See auch angeln, denn das Vorzeigegewässer ist fischreich. Im Winter friert der flache See gerne zuverlässig zu und gibt den Eisstockschützen und Eisläufern eine Bühne.

Fridolfing-Zentrum ist einen 20-minütigen Spaziergang vom Seebadparkplatz aus wert, denn das harmonisch-ruhige Städtcheninnere mit schönem Gasthaus verströmt eine ganz eigene Friedlichkeit. Über allem thront die Kirche und wacht über die über 1.000-jährige Gemeinde, die trotz aller malerischen Ecken am recht kreklen Leben des Industriezentrums Tittmoning teilnimmt. Mächtige Bauernhöfe, ländliche Idyllen mit Rosen und Naturstein sind hier ebenso zu entdecken wie frühbarocke Salzachoptik. Diese Gegend macht ihr ganz eigenes Ding, vielleicht auch, weil sie an keiner Autobahn liegt und verborgen ihrer Schönheit frönt.

BRÜCKENSPRUNG UND PADDELSPASS
Das Alzbad in Truchtlaching

59

Wenn das Wasser des Chiemsees am nördlichsten Punkt, in Seebruck, abfließt, ist das keine Kleinigkeit, sondern gleich zu Beginn ein breiter Strom ... die Alz. Keine sechs Kilometer weiter führt der Fluss mit Trinkwasserqualität durch das 1.000-Seelen-Dorf Truchtlaching, das bereits 500 v. Chr. von Kelten besiedelt war; Hünengräber zeugen davon. Heute ist die malerische Ortschaft vor allem durch drei Dinge berühmt: 1.) durch selbst gebraute Craft-Biere der Brauerei *Camba*, 2.) durch *LaBrassBanda*-Frontmann Stefan Dettl, der dort einen eigenen Radiosender betreibt und Herausgeber des Kultur-Magazins *MUH* ist und 3.) durch das Alzbad, das neben der ehemaligen Zoll-Brücke entstand. Sommers fahren nämlich derart viele Menschen mit Falt- oder Schlauchbooten die Alz hinab, dass es in Truchtlaching quasi zum Stau kommt. Auch weil hier 500 Meter stromabwärts die Stromschnellen beginnen und so mancher Hobbykapitän dann die bis dahin friedliche Alz verlässt. Ein Kiosk, eine Liegewiese und die Wasserwacht sind nun die neuen Zöllner der Brücke, wobei der Eintritt ins Alzbad frei ist. Einzigartig ist das Badeerlebnis allemal. Erst geht es gemütlich über Stufen in den Fluss, in dem man sich bis kurz vor die Stromschnellen treiben lassen kann. Am Ufer gibt es überall kleine Austritte und Trampelpfade durch die fast drei Meter hohen Schilfgürtel. Über ein Feld geht's dann ganz offiziell zurück zur Liegewiese. Wer mag, macht einen Abstecher durch den Skulpturengarten der Alzgalerie, Kunstgenuss in Badekleidung, warum nicht? Mitten im August wird die Flussbaderei dann durch das *Brückenfest* gekrönt. Fast ein wenig keltisch mutet der Brauch der Burschen an, sich von der drei Meter hohen Brücke akrobatisch in die Alz zu stürzen. Mitten rein in die Flut der Schlauchboote, die, so die Auskunft der Einheimischen, von lauter Nichteinheimischen besetzt sind. Der Brauch heißt »Preißn versenken« und ist so herrlich archaisch wie politisch unkorrekt. Ängstliche Naturen gehen bitte direkt in die Braugaststätte *Camba* und trinken eines der 50 Biere.

DER NICHT GANZ KLASSISCHE DORFWEIHER
Der Obinger See

60

Obacht in Obing heißt es für die Sportangler, denn der kleine romantisch gelegene Weiher mitten im 1.300 Jahre alten Obing ist ein wahres Eldorado für Petrijünger. Von Schilf gesäumt bietet der bis zu 14 Meter tiefe See Rotfedern, Rotaugen, Brassen, Schleien und Karpfen ein ideales Wohnrevier, in dem es sich allerdings auch große Räuber wie Hecht, Aal, Zander und Waller gut gehen lassen. Bis die Fischer kommen, die an dem See einen eigenen kleinen Parkplatz haben und einen eigenen Steg, an dem in allen Grüntönen gestrichene Ruderboote nur darauf warten, zum Einsatz zu kommen. Touristen können sich eine Tages-, Wochen- oder Monatskarte ausstellen lassen. Unvergessen werden dem Interims-Angler danach die Fischputzaktionen am überdachten Waschtisch sein, zu dessen Füßen die Schuppen vom Fang des Tages einen schillernden Teppich bilden. Das Ganze ist übrigens nicht durch Verbotsschilder eingeschränkt. Am Steg der Sportfischer kann man auch bei einem Abendspaziergang rund um den See vorbeischauen, schon weil der Duft der Schilfgewächse und der von Süßwasserfischen ein charmantes Parfüm ergeben. Wer um die Fischerl nur herumschwimmen möchte, ist im östlich gelegenen Strandbad bestens versorgt mit Wassertrampolinen, beschatteten Sandkisten und einem robusten Kiosk. Mit einem EU-geförderten Projekt hat die Gemeinde Obing einen barrierefreien Zugang zum See ermöglicht. Sowohl das Betreten des Strandbads als auch das geschmeidige Eingleiten in den See sind garantiert, was an den Wasserstellen des Chiemgaus nicht immer möglich ist. Das sauber herausgeputzte Obing hat da Pionierarbeit geleistet. Und auch die diversen Biergärten vor Ort sind ruckelfrei zu begehen, außer man trinkt vor lauter Begeisterung über die geradezu altmodische Sommerfrische einen über den Durst. Dann hilft nur schlafen in enorm guter Luft. Obing hat hinbekommen, was so mancher Ort des Chiemgaus und Rupertiwinkels noch erreichen muss: gute Infrastruktur, gelifteter Stadtkern und sauberer Service.

WO MEER UND BERG ZUSAMMEN SIND
Der Chiemseestrand bei Übersee 61

Schneegipfel hinter grünen Endmoränenhügeln, das Delta der Ache und dann nichts als blaues Wasser mit Sandstrand. Gibt's nicht? Gibt's doch! Gleich neben der Autobahn, Ausfahrt Übersee. Meistens stehen die Menschen an der Stelle im Stau. Wie schade, denn die Ausfahrt müsste eigentlich »Ausfahrt Paradies« heißen. Schon die Anfahrt zum Uferbereich sieht aus wie ein Genrebild aus dem 19. Jahrhundert. Birkenallee, dahinter Weide mit weißen Pferden, dann Weide mit schwarzen Kühen. Seeseitig dümpeln die Segelboote im Hafen, dann schließt sich die Gastronomie an. Und da ist für jeden etwas dabei, von gediegenem Restaurant mit weißen Servietten bis hin zur Strandbar mit Riesenliegepolstern, wo man eigentlich nur eines machen kann: einen Hugo schlürfen und der Sonne beim Untergehen zusehen. Ein Stückchen weiter auf dem Uferweg, vorbei am Klettergarten, schließt sich die *Beach Bar* an. Hier lässt sich an den heißen Tagen Ibiza locker toppen und an den weniger schönen an den Feuerschalen einen Glühwein trinken. Den größten Bereich nimmt das Strandbad ein, das neben Szenebar auch Beachvolleyball bietet. Ein Abend dort, Picknick auf der Decke, die Füße im See, mehr »feel good« geht nicht. Finden übrigens alle Generationen vom Baby bis zum rüstigen Rentner, die hier bei quasi jeder Temperatur ins Wasser gehen. Wer seinen Hund nicht daheim lassen will, tigert samt Vierbeiner einfach den Uferweg weiter entlang, bis sich eine Kiesbucht auftut. Hier flackern abends die Feuerchen, obwohl man natürlich eigentlich nicht grillen darf. Und wer Hummeln im Hintern hat, der läuft den Chiemsee-Uferweg bis Chieming, um sich dort ein Bier zu gönnen. Ja okay, man kann von Übersee aus auch um den ganzen Chiemsee radeln. Das wäre aber an manchen Tagen fast schade, denn solch eine Kulisse wie am Chiemseestrand muss man ganz langsam auf sich wirken lassen. Om. Indienfeeling wird garantiert, und das nicht nur, weil es in der *Beach Bar* tibetische Wimpelketten gibt und alles ein wenig nach Sandelholz, Patschuli und Gras duftet, also frisch gemähtem natürlich.

GRÜNE EINLADUNG ZUM MEDITIEREN
Der Tinninger See bei Riedering

Das Bild zum Beitrag entstand Mitte August, an einem sonnigen Sonntag kurz vor Mittag, Lufttemperatur 24 Grad, für den Tinninger See ein normaler Anblick. Vielleicht liegt es am nahe gelegenen und um vieles größeren Simssee, dass wir hier die Besucher an zwei Händen abzählen können. Auf den drei Hügeln ringsum liegen in der Mittagsstille wie ausgestorben die Weiler Tinning, Gögging und Schöpfing, der breite Badesteg zeigt gen Westen. Vielleicht bleiben wir ja hier bis zum Sonnenuntergang und meditieren ein wenig. Getränke haben wir ausreichend dabei.

Wer den See mit seinem Waldufer zum ersten Mal sieht, hat den Eindruck von kreisrunder Überschaubarkeit, doch das gilt nur für seine Tiefe. Gerade einmal vier Meter, doch das bei einer Fläche von immerhin 26 Hektar. Seerosen signalisieren hohe Wasserqualität, auch seine Temperatur ist immer angenehm, und der flache Einstieg ist ideal für Kinder. Auf die wartet ein Sandkasten unter rustikalem Sonnensegel, immer in elterlicher Sichtweite, ob von der Liegewiese aus oder vom Parkplatz und Kiosk. Der ist an Wochenenden und bei Badewetter geöffnet, die modernen Sanitäranlagen dagegen auch an Wochentagen.

Wer lieber einsame Uferstellen zum Baden sucht, der geht zehn Minuten über den schmalen Rundweg nach rechts, wo bald Pfade abzweigen, die über federnden Moorboden durch den Wald zum Ufer führen. Der drei Kilometer lange Rundweg um den See ist auch im Herbst und Winter ein wunderschöner Spaziergang. Er führt im Westen durch den Weiler Gögging, mit Blick auf die Berge, und vorbei am spätgotischen Kirchlein St. Vitus und St. Andreas. Früher war der Tinninger See im Winter regelmäßig ein Paradies für Schlittschuhläufer und Eisstockschützen. Das ist heute wie überall seltener geworden, aber wenn es dann mal wieder so weit ist, geht es genauso beschaulich zu wie beim Badeleben im Sommer.

GLETSCHER ODER METEOR?
Der Tüttensee

Die Sage vom Meteor, der vor rund 2.000 Jahren unbedingt im Chiemgau baden gehen wollte, mag einfach nicht verstummen. Es ist ja auch spannend zu lesen, was um den Tüttensee herum auf den Schautafeln geschrieben steht. Aufgestellt hat sie der Verein *Chiemgau Impakt*, seine Theorie unterfüttert er immer wieder mit Studien, die manche Spezialisten gerne liefern, weil damit Aufmerksamkeit garantiert ist. Doch über die Lokalpresse hinaus beißt bei den Medien niemand so recht an. Im benachbarten Naturkundemuseum von Siegsdorf seufzen die Fachleute, sobald das Thema Chiemgau-Impakt zur Sprache kommt. Für die Wissenschaft ist der Tüttensee, zusammen mit den meisten anderen kleinen Seen im Chiemgau, ein typischer Toteiskessel, ein Überbleibsel der Gletscher, die sich vor 10.000 Jahren in die Berge zurückgezogen haben.

Angenehm warm ist der verträumte, rund 17 Meter tiefe Waldsee, mit weichem, leicht braunem Moorwasser. Über ein schmales Sträßchen haben wir ihn von Grabenstätt aus in fünf Minuten erreicht und parken schattig am Waldrand. Die Waldufer sind naturbelassen, für einen Gang rundherum reicht eine halbe Stunde. Das kleine Wiesen-Strandbad erreichen wir vom Parkplatz dagegen in wenigen Minuten. Einmal quer über den See zu schwimmen verlockt hier so manchen. Die Wasserwacht hat alles im Blick, gleich neben ihrem Steg sitzt man auf der großzügigen Terrasse der Seewirtschaft direkt über dem Wasser. Von hier kann man beobachten, wie sich am Ufer gegenüber junge Burschen von ihren selbst gebauten Baum-Sprungtürmen kometengleich in den See stürzen. Abends bei Kerzenlicht an den Teakholztischen sind Gedanken an Meteore und kosmische Katastrophen eher fern, wer Glück hat, sieht vielleicht eine Sternschnuppe.

SEGELN, SURFEN, PADDELN, KITEN
Wassersport im Chiemgau

Überholt der Wassersport den Wintersport? Im Chiemgau scheint das so zu sein, die Wassersportsaison dauert viel länger, und rein physikalisch gesehen sind ja Schnee und Eis auch nichts anderes als Wasser. Doch das wäre jetzt kleinliche Tropfenzählerei, drum lassen wir alles so, wie es ist, denn wer weiß, wie lange es überhaupt noch echte Winter gibt. Die Chiemgau-Sommer haben dagegen eine gute Zukunft vor sich. Wassersport im Chiemgau hat Tradition, ist vielfältig und definiert sich auch über das, was er nicht ist. Es gibt zum Beispiel unzählige Segelvereine, aber nur drei Ruderklubs. Vermutlich liegt das am Fehlen eines akademischen Umfelds, in dem dieser Regattasport gerne gedeiht. Was zum Glück ganz und gar fehlt zwischen Salzach und Inn, sind Rennboote und Wasserskifahrer; laut und schnell will hier niemand, dann doch lieber die Tradition. Und die beginnt wassersportlich im Chiemgau mit dem Segeln, das als Sport ziemlich früh mit den Fremden an den Chiemsee kam. In der berühmten Künstlerchronik der Fraueninsel wird bereits 1879 über das im Sturm verschollene Boot eines reichen Gastes auf der Fraueninsel berichtet, und die Kenner an Mast und Schot wissen viele haarsträubende Geschichten über die Launen von Wind und Wetter am Bayerischen Meer zu erzählen. Ihr Revier scheint eine gute Schule zu sein, Segler vom Chiemsee, gleich in welcher Klasse, sind selbst bei internationalen Regatten gefürchtete Gegner, die Siegespokale in den Klubhäusern bezeugen das. Die Fremden brachten also den Sport, doch segeln konnten die Fischer mit ihren Plätten auf den Seen im Chiemgau schon früher. Die offenen und flachen Gebrauchsboote mit ihrer urtümlichen Takelage kommen in den letzten Jahren wieder in Mode, es werden sogar schon Regatten ausgetragen. Früher wäre das als »Bauernsegeln« kleingemacht worden, heute wird im Chiemgau das Plättensegeln als Tradition gepflegt.

Ein weiterer Nostalgie-Wassersport hat seinen Ursprung im Chiemgau. Um genau zu sein, war es zwar Rosenheim, wo vor rund 100 Jahren das »Wasserwandern« erfunden wurde, doch der Schneidermeister Johann Klepper testete die Prototypen seines Faltbootes

Kanurevier Entenlochklamm

nicht nur auf dem Inn, sondern auch auf dem Chiemsee. Wanderfahrten auf Flüssen waren bis dato ein Privileg der »alten Herren« in den Ruderclubs gewesen, in den 20er-Jahren erschienen dann ganze Flotten von »Hadernkähnen«, wie die Faltboote wegen ihrer Segeltuchhaut spöttisch-liebevoll genannt wurden. Die »Jacht des kleinen Mannes«, preiswert und grenzenlos mobil, wurde schnell ein sehr robustes Gerät. Mit ihren bunten Kunststoffbooten profitieren die heutigen Kajakfahrer von der Fortentwicklung dieser schönen Erfindung aus dem Chiemgau. Es gibt sie noch in Form von vielen Oldtimern, einen *Klepper* als Markenboot kann man auch noch neu kaufen, quasi als *Rolls-Royce* unter den Kajaks.

Kanu- und Kajakfahrer lieben den Chiemgau wegen seiner Wasser-Vielfalt. Auf den Spuren der Inn-Schiffer von Rosenheim nach Wasserburg zu paddeln ist ein Erlebnis; für Wildwasserfahrer ist die Entenlochklamm auf der Tiroler Ache quasi Pflicht; und wer es gemütlich will, geht auf die Alz, wenn sie im Spätsommer frei befahrbar ist. An Wochenenden ist man zwar nicht allein zwischen Seebruck, Truchtlaching und Altenmarkt, doch die Landschaft und das glasklare Wasser sind unvergleichlich! Nicht zu vergessen sind die spritzigen Kajakreviere im Berchtesgadener Land, auf Salach und Kohlenbach, und natürlich die vielen großen und kleinen Seen. Und wer kein eigenes Kajak hat, trifft neuerdings bei den Bootsverleihern auf sichere, grundsolide Exemplare; die Landratsämter haben ihre Sicherheitsbedenken mit der Nachfrage ins Gleichgewicht gebracht.

Stichwort Gleichgewicht ... das ist wohl die wichtigste Eigenschaft, die Stand-up-Paddler mitbringen müssen. SUP nennt man ihre Sportart auch, die sich in den letzten zwei bis drei Jahren unglaublich verbreitet hat. Überall sieht man mehr oder weniger schwankende Gestalten über die Seen ziehen, ihre Paddel sind lang und filigran, während die »Boote« besonders breiten Surfbrettern ähneln. Die sind teilweise zerleg- und/oder aufblasbar, und ihren »Gondolieri« sieht man an, dass ihnen das Auf-dem-Wasser-Stehen richtig Spaß macht. Die SUP-Schulen haben Konjunktur, und wem das Stehen zu mühsam wird, der legt sich zwischendurch auf sein Brett in die Sonne. Pärchen, zusammen auf ihren Boards mitten auf dem Chiemsee, das wird man künftig öfter sehen.

Zurück zum Sportkameraden Wind. »Wenn die Segler vom Wasser gehen, kommen wir«, sagt Florian, »für uns ist alles unter 20 Knoten langweilig!« Wenn die also lieber ihre Boote im Hafen festmachen, sind die Kiter plötzlich da, wie aus dem Nichts. Sie teilen sich dann ihr Sturmrevier an der Halbinsel Feldwies mit den klassischen Windsurfern, ihrer Verwandtschaft, sollen doch beide ihre Ursprünge auf Hawaii haben. Wobei der Chiemsee, sagt Florian als Chef des *Kiteboarding Chiemsee e. V.*, kein Anfänger-Revier ist. Doch wenn die Cracks im Wahnsinnstempo ihre Basic Jumps machen, herrscht bei Beaufort vier bis fünf echte Volksfeststimmung am Strand. Flori verrät mir, dass »unter dem Neopren immer mehr Mädels versteckt sind, extrem cool!«

So cool wie der »unsinkbare Franz«, der ehemalige Bademeister, der mit über 87 Jahren einmal im Jahr von Chieming acht Kilometer bis zur Fraueninsel krault. Er stand sogar kürzlich in der *Süddeutschen*, drum sei er hier stellvertretend genannt für alle Schwimmer, die eigentlichen Wassersportler.

ÖKOLOGISCH SCHWIMMEN AM SAMERBERG

Das Naturbad Samerberger Filze

65

Die Samerberger sind selbstbewusst … die Geschichte ihres wunderschönen Naturbades zwischen Törwang und Grainbach rechnen sie in ihrem Flyer mal eben bis in die Eiszeit zurück, was ja nicht ganz falsch ist. Denn auch im Hochtal Samerberg blieb einer jener eiszeitlichen Restseen zurück. Über die Jahrtausende verwandelte er sich in ein Hochmoor, auch »Filzen« genannt, mit einem typischen kleinen Teich in der Mitte. Der wurde von den Einheimischen schon immer zum Baden benutzt, aus ihm wurde in den 60ern ein Moorbad, bis dann 2012 das heutige Naturbad entstand.

Die selbstbewussten Samerberger wollten etwas ganz Besonderes schaffen; EU-Zuschuss, Spenden, Sponsoren und Eigenleistung machten es möglich. Nach einem knappen Jahr schimmerte es blau und grün unter den Birken und Erlen, ein nagelneues Wasserjuwel, mitten in einer traumhaften Kulisse. »Naturbad« heißt es nicht ohne Grund, denn auch beim Thema Ökologie haben sich die Samerberger in die erste Reihe gestellt. Jeder kann direkt neben dem Schwimmbecken eine Anlage bestaunen, die aus einem Seerosenteich und einer Art gleich daneben gelegenem Hochbeet besteht, das ein bisschen wie ein Reisfeld wirkt. Beides dient als ökologische Umwälzanlage, die das Wasser permanent auf natürliche Weise reinigt.

Wer das gesehen und verstanden hat, badet hier gleich noch mal so gerne, in einem Wasser, das herrlich frisch und klar ist und einen angenehmen Geruch hat. Die hölzernen Stege und Beckenränder sind sonnenwarm, Bäume und Sonnensegel werfen gerade genug Schatten, die Liegewiese ist frisch gemäht, und am Kiosk wartet das Weißbier. Ringsherum nur Grün in allen Schattierungen, dazu der sagenhafte Blick auf Hochries und Heuberg, und das alles für null Cent Eintritt! Vielen Dank der Eiszeit und den Samerbergern, die diese Sommeridylle möglich gemacht haben!

LIEBLINGSPLÄTZE
AUF EINEN BLICK

ALLE LIEBLINGSPLÄTZE FINDEN SIE
UNTER WWW.GMEINER-VERLAG.DE

IN IHRER NÄHE

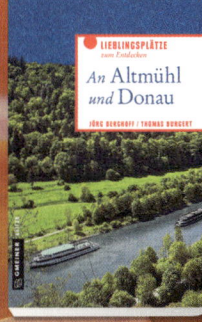

Berghoff,
An Altmühl und Donau
978-3-8392-2100-6

Bovers,
Chiemgau – weiß-blau und weltoffen
978-3-8392-1627-9

Bruckner / Burkhard,
Orte der Stille in Bayern
978-3-8392-1867-9

Schetar / Köthe,
Münchner Schmankerl
978-3-8392-1367-4

Sch./K./Bov./Br./Schönw.,
Das Beste südlich von München
978-3-8392-1870-9

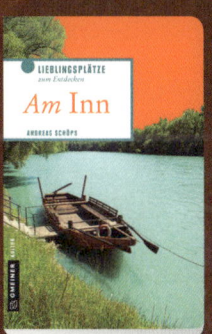

Schöps,
Am Inn
978-3-8392-2004-7

GMEINER KULTUR

WWW.GMEINER-VERLAG.DE
Mensch, Kultur, Region

LIEBLINGSPLÄTZE
DIE NEUEN IM HERBST 2017

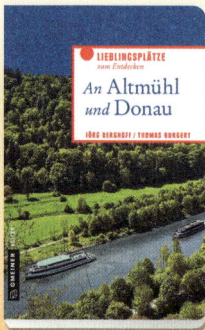

Berghoff / Burgert,
An Altmühl und Donau
978-3-8392-2100-6

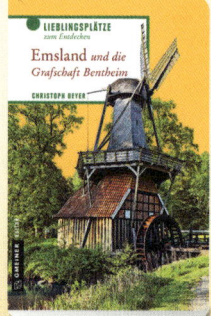

Beyer,
Emsland und die Grafschaft Bentheim
978-3-8392-2101-3

Hampp,
Schwaben erlesen!
978-3-8392-2123-5

Paxmann / Bovers,
Wunderbare Wasserorte im Chiemgau
978-3-8392-2147-1

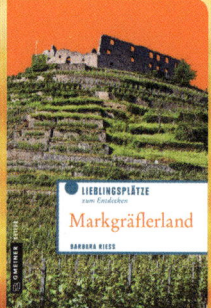

Riess,
Markgräflerland
978-3-8392-2153-2

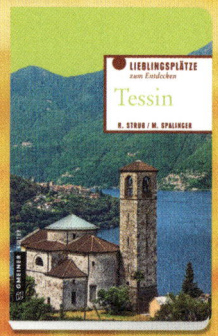

Strub / Spalinger,
Tessin
978-3-8392-2159-4

GMEINER KULTUR

WWW.GMEINER-VERLAG.D
Mensch, Kultur, Regio